いまの収入に満足できていないアナタへ

プロ投資家が教える

副収入1000万円の最短コース

はじめに

「退場してしまう9割」にならないために

はじめまして。「こころトレード研究所」所長、坂本慎太郎（ハンドルネーム「Bコミ」）と申します。

本書を手に取っていただき、ありがとうございます。

読者の皆さんの中には、コロナショック以降に証券口座を開設した人や、これから株式投資を始めてみようと考えている人も多いと思います。

2020年は3月以降、証券口座の新規開設の申し込みも殺到していましたし、実際にこのタイミングで投資を始めて利益を出した人も多いでしょう。

そうしたやる気に水を差すようで申し訳ないですが、皆さんは株式相場においてよく言われる

「投資を始めた人の90％以上が3年以内に退場する」

という言葉をご存じでしょうか？

私自身、統計的なデータを持っているわけではないので、はっきりしたことは言えません。しかし、あくまで体感としてですが、長年株式相場に関わっている経験から、残念ながらこの言葉が事実であると言わざるを得ないのです。

特に、ＳＮＳを使って、誰かの推奨銘柄に群がる「イナゴ投資」と呼ばれるやり方で投資をして、数年後、しっかりと生き残りつつ、資産を増やしている個人投資家はほとんど見たことがありません。

現在の株式市場においては、先ほどのイナゴ投資を含め、過剰にリスクを取って「1年で100万円を1億円に増やすぞ！」というような、むちゃくちゃなやり方がよしとされている部分があります。

本来「投資」とは、資産形成の一環であり、「資産をなくすか、それとも数倍、数十倍にするか」というようなものではなく、10年、数十年先を見据えて、じっくりと取り組むものです。

しかし、そうした取り組み方をせず、安易に他人の推奨銘柄に飛びついてしまうのは、正しい投資のやり方を知らない「知識不足」な人か、「自分だけは退場しない」という自信過剰な人かのどちらかでしょう。

そうした人たちを見ていると、正直、「なぜ、そんな安易な投資をして、貴重な資金を失ってしまうのだろう……？」と考えてしまうわけですが、一方で自分の力不足も感じるのです。

だからこそ、読者の皆さんに向けて「退場せず、できるだけ長く生き残って資産形成をしてほしい」というのが、本書の最大のテーマであり、そのためにできる具体的な知識を、スペースの許す限りお伝えしたいと考えています。

個人投資家は王様

本書を読む際に、一つ意識してほしいことがあります。それは、「個人投資家は王様」という言葉です。個人投資家は、どんな銘柄を買って、どんなタイミングで売ろうと、全て自分で自由に判断することができます。

だからこそ、他人の推奨銘柄で投資する「イナゴ投資」や、損切りしなければいけないのに「塩漬け」にしてしまうような、恥ずかしい売買もできてしまうわけです（横で誰かが売買をチェックしていたら、たぶんやらないでしょう）。

投資で利益を出して資産形成をしていくには、この部分をしっかりと理解しておく必要があります。個人投資家は王様であるがゆえに孤独ですし、それだけに、信じる理論が間違っていると経験値を積むことなく退場することになってしまいます。

だからこそ、投資を我流で始めて生き残るのはかなり難易度が高く、せめて「ゴールまでの道筋（長期的な資産形成のやり方）」を学んでからスタートしてほしいと考えています。

ダメな商材だらけだからこそ、本物を届けたい

私自身、個人投資家として現在も投資は行っていますが、長年生き残り、その成果として、一般的な感覚からすると十分な資産形成をすることができました。しかし、このように言うと、

「投資でもうけてるなら、なんでわざわざ本を書いたり、セミナーに出たりするんだろう？」

という声も聞こえてきそうですし、その疑問ももっともです。

実際、自分のスクールを運営したり、ラジオやセミナーに登壇するのは想像以上に労力がかかります。正直、労働時間は2、3倍に増えていますし、証券会社などいわゆる「プロ」から認められてセミナーを行うというのは、常に自分の興味以外の分野にもアンテナを張っていなければならず、個人投資家として相場を張るよりも難しいと感じる部分があります。

それでも、こういう仕事をしている理由は「人に教えるのが好き」だからです。

とても残念なことですが、投資業界を見渡すと、残念な商材があふれています。制作者の多くが「商品」として作っているのです。

しかし私は、自分の知識を誰かに提供してより良い結果を残してもらうためには、私自身が教育者でなければいけないと考えていますし、商材ではなく「教材」を作る必要があると感じています。

これは本書に関してもそうですし、セミナーや講演にしても、提供しているサービスにしても、有料無料にかかわらず、全てその意識をもって活動しています。

あなたは、これから投資家としていろんなことを学んでいくと思いますが、その学んでいる物が、誰かの私腹を肥やすための商材なのか、あなたが成長するための教材なのかを、しっかり見極めるようにしてください。

先ほどもお話ししたように、私たち個人投資家は孤独な存在であり「誰からどういう理論を学ぶか?」というのは極めて重要です。

まだ、あなたは私のことをよく知らないと思いますので、私が学ぶに足る人間か判断するために、まず本書を熟読してみてください。

きっと、相場から退場せずに長期的に資産形成をするための「本当の投資」について深く理解してもらえると思います。

読み終えた後、私が信頼に足る人間だと感じた場合は、ぜひ私が運営する投資学習コミュニティを覗いてみてほしいです。

「本当の投資を深く学べる最高の環境だ」と、会員の皆様からもご好評頂いている投資学習コミュニティに無料でご招待します。

それでは早速、本編に進んで参りましょう！　ワクワクしながら、ページをめくってみてください。

目次

第2章 テクニカルと縁を切るのが資産形成の第一歩

第3章 初心者でも勝てる、株主優待を使った投資手法 85

第5章 長期で資産形成するにはポートフォリオが重要 127

第1章
投資に必要なマインドセット

1 株式投資で目標金額を決めないのはNG

リスクを取りたくない？ だったらおとなしく貯金しておこう

「あなたは株式投資でいくらもうけたいですか？」

私はセミナーや勉強会で参加者に向けて、このような質問をよくします。

すると、

「1円でも多くもうけたいに決まってるじゃないですか！」

大体はこんな感じで返ってきます。

確かに、「損はしたくないけど、もうけたい」という気持ちは分かります。誰でも自分の資産が減るのは嫌なものです。

しかし「投資」に限って言えば、「1円でも多くもうけられたら」というスタンスは間違っています。だって、投資はどんなやり方であっても結局は、**自分の資金をリスクにさらして、リターンを狙いにいく行動**なのだから。

それが嫌ならそもそも投資に向いていないので、銀行預金をしてください。

目標を決めると、取るべきリスクや手法が自然と決まる

だからこそ、**「自分がどれくらい稼ぎたいのか」「どれくらいの期間で稼ぎたいのか」を最初に決めておくべき**で、ここが投資のスタート地点です。ここを勘違いしている人が多過ぎます。

そうして目標を定めると、その期間と金額に対して取るべきリスクや投資のやり方

が自然と決まってきます。

例えば、資金100万円のAさんが「1億円稼ぐ」という目標を立てた場合を考えてみましょう。

仮にAさんがこの目標に対する期間を「10年」と設定した場合、毎週1%増やすことができれば達成できます。

これは、毎週損を出さないという前提で計算しているため、あくまで理想値ですが、10年という期間を取ることができるのであれば、毎週1%の利益でも積み重ねていくことで、複利で増やしていけます。

複利 元金（ここでは100万円）で出した利子を次の期間の元金に組み入れて運用すること。初週に出した利益（100万円の1%＝1万円）を元金に組み入れて、次の週は101万円の1%、というように計算していく

■目標金額に対して期間が少ないほどリスクの高い手法を取る必要がある

同じ「1億円達成」という目標でも……

資金100万円の人が10年で1億円稼ぐ場合

毎週1%ずつ複利を使って
増やしていくと 9年 で達成

最初の週は1万円の利益

資金100万円の人が1年で1億円稼ぐ場合

毎週10%ずつ複利を使って
増やしていくと 1年 で達成

最初の週は10万円の利益

※毎週損失を出さないという前提。話を単純にするため、出した利益にかかる税金などは省いています

一方、Aさんが「1年」と設定した場合、先ほどと同じように複利を使っても、毎週10％増やさないと達成できません。100万円スタートなので、初週だと10万円です。

想像してみてください。「じゃあ、来週、株で10万円増やしてください」と言われて、初心者で実行できる人はどれくらいいるでしょうか？

もしかしたら10人中、数人は達成できるかもしれません。しかし、それはおそらく「たまたまもうかった人」です。まず、信用取引を使ってレバレッジをかける必要がありますし、これを1年間、毎週続けていかないと達成できないわけですから、必ずどこかで破綻するでしょう。

信用取引　株式を使った証拠金取引のこと。通常の現物取引よりも大きな取引ができ、「空売り」という売りから入る取引もできる。現物取引とは別の口座

開設が必要になる

つまり、目標の金額に対して期間が短ければ短いほど、週1％とか、月に何％のような悠長な手法はとれないので、資産をよりリスクにさらす手法しか取れなくなるということです。

まずは「長期的に投資を楽しむ」ところから始める

このことの良し悪しというよりは、**自分の実力を加味して「本当に実現可能な目標設定なのかを考える必要がある」**ということが言いたいのです。

例えば、「100万円を10年で1億円にしたい」を目標にしている投資初心者にはいくらでもアドバイスができます。ただ、「1年で100万円を1億にしたい」とい

投資の目標が「本当に実現可能なのか?」を考える

資産100万円の
初心者

よほど運に恵まれていない限りは、ほぼ実現不可能。100万円を捨てるようなものだからやめておいた方がいい

資産100万円の
初心者

まずは配当や優待など「株を楽しむ」ところから始めて、安定した投資で経験値を高めていくといい。そこからロジック投資など、多少リスクをとって徐々に増やしていける

う人には「100万円が無駄になるからやめておきなさい」と言うしかありません。そもそも現実的ではないので。

目標とする金額は1億でも10億でも、なんでも問題ありません。そこに対してどれくらいの期間とリスクを取れるかによって、どんな投資手法を使うのかを考えていけばいいということです。

だからこそ資金が少なかったり、経験が浅かったりするうちは、まず**「長期的に投資を楽しむ」**というところから始めた方がいいでしょう。

具体的には、配当や株主優待といった**「インカムゲイン」**を中心に利益を出していく投資のやり方です。いずれ徐々に経験を積むことができれば、少しリスクを取って利益を狙いにいくことになります。最初の段階では、このような安定したやり方で始めることで負けを少なくしつつ、投資の経験値を積むことができます。

2 目標をすり替えないようにしよう

「取引のための取引」にならないように注意する

また、「いつまでに○○円もうける」という最終的な目標を設定したとして、**「目標をすり替えない」**ことが最も重要です。

これも「初心者あるある」なのですが、目標達成に向けて実際に取引を行っていくうちに、**いつの間にか「稼ぐこと」ではなく「投資すること」に目的をすり替えてしまう人**が多いのです。

例えば、「1日1％もうけたい」という目標でトレードをしていて、6日間で6％利益が出たとします。しかしこの後、7日目で10％やられてしまったら、多くの人が、損を取り戻すことが目標にすり替わってしまいます。要は「せっかくもうかったのに台無しだ！　取り返さなきゃ」という心理です。

この心理に陥ると、もうそこから先は泥沼です。前日の10％を取り戻すために、翌日からは10％以上の利益を狙い始めてしまう。

そもそも「1日1％稼ぐ」という目標に対してマイナス10％になるということは、ダメな取引をしているわけです。ですからそこは反省し、7日目で資金が96％まで減ったのなら、8日目は切り替えて、そこからまた1％を稼ぐ方法を考えていくのが投資です。

しかし人間の心理というのはとてももろいので、意外とこれが難しいのです。大体の人が8日目以降は「マイナス10％の損を取り戻したい」になってしまう。こうなると「取引のために取引をする」という状態で、1日に10％の利益を狙うのが目標になってしまうので、過剰なリスクを常にとっている状態。本来、損切りや利確しなくてはいけない基準がブレ始めて、さらに大きな損をするというスパイラルにハマってしまうのです。

長年この業界にいると経験上、トータルで損をしている人のほとんどが、このようなマインドです。「人間はこういう心理になりやすい」ということを、あらかじめ知っておいていただきたいのです。

「間違っている」と内心気付いていても、なぜか引き返せない

目標を実行してみてうまくいかなかったときに「目標を変えないこと」、これが一番大事。それができている状態で「損した時の取り戻し方を考える」というのが、投資の成績を上げるためにとても重要なのです。

目標をすり替えない

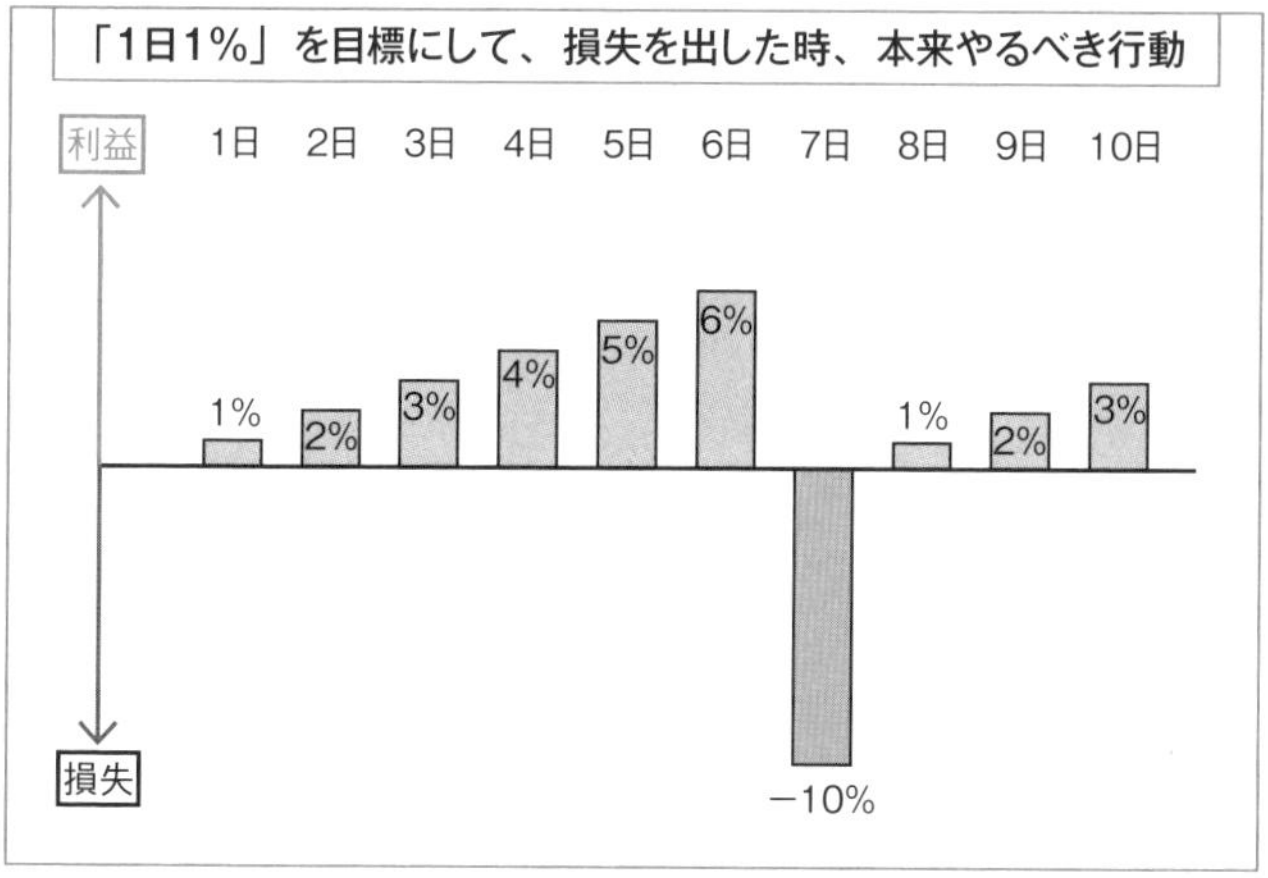

それまで6%の利益が出ていて、7日目で10%の損失が出たとしても、8日目からはまだ1%の利益を積み上げていく

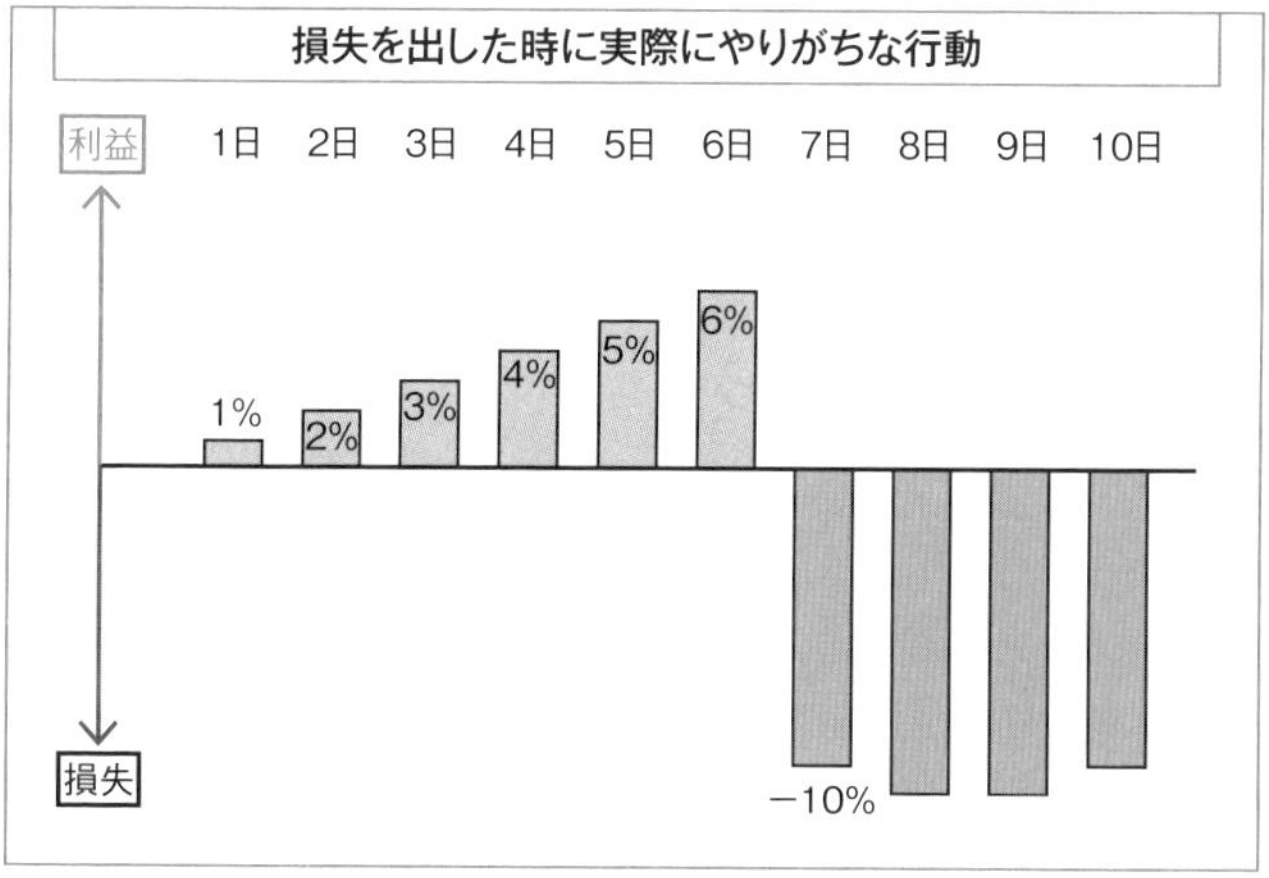

10%以上の利益を狙って、実際はそれ以上の損失を出してしまう

冒頭で「個人投資家は王様」という話をしましたが、この「目標のすり替え」も、個人投資家が売買にまつわる判断を自由にできるからこそやりがちなエピソードです。

客観的に見れば、「当初の目標とブレているのでは？」というような取引を始めても、誰も見ている人はいませんし、怒られもしません。

だからこそ、薄々は「間違っている」と内心気付いていても、なぜか自分で自分を引くに引けない状況に追い込んでいて、最終的に「マイナス10％を一気に取り戻す」というような間違いをしてしまうわけです。

こうした間違いを続けて退場してしまう前に、そうならないような投資の仕組み作りと、損をした時の取り戻し方を最初に考えておく必要があります。

3 投資と投機の違いとは？

「投機」は初心者にはおすすめしない

ちなみに、読者の皆さんは自分が行っている（行おうとしている）取引が、「投資」なのか「投機」なのか、はっきりと認識していますか？

よく、「普段はチャートだけ見て、空いた時間にデイトレで投資しています」というような人がいますが、**これは「投資」と「投機」、二つの違いを明確に区別できていない証拠です。**

二つの違いをざっくり説明すると、

投資　将来的な会社（投資先）の価値や将来生む利益などを予測して、長期的に資金を投じること。

投機　短期的な値動きのタイミングを狙って資金を投じることで、企業の将来的な価値や利益とは関係なしに、1日で終わるデイトレードや、数分で終わるようなスキャルピングで「キャピタルゲイン」を狙う。

このように、株式で利益を狙うやり方は大きく分けて「投資」と「投機」に分かれるわけですが、先ほどの発言者はどちらかというと「投機」です。

取引のやり方は人それぞれですし、投機がダメというわけではありません。しかし個人的な意見としては、初心者に投機はおすすめしません。

というのも、**投機はつまるところ、値動きのある場所（銘柄）での取引**なわけです。このため、「市場が開いている9～15時にチャート画面に張り付くことができる」が前提条件。それすらもできない人が土俵に上がるのは難しいのです。

読者の皆さんの中にも、持ち株の値動きが気になって、会社のトイレでチャートチェックしたという経験がある人も多いと思いますが、それくらいの時間が使えたところで、利益にはつなげづらいでしょう。

「デイトレーダー」ってなんとなく憧れますよね？　複数のモニターを使ってバシバシ取引をしたくなる気持ちも分かりますが、**重要なのは取引をすることではなく、利益を出すこと**。これも、先ほどお話しした「目標のすり替え」です。

現実的な目標を設定して、それを達成するための方法を考えていくと、結局はある程度期間を見込んで、ファンダメンタルズベースで企業に投資していく方法に絞られていきます。これを認識するのが最初の段階です。

4 できるだけシンプルにトレードしよう

複雑なロジックは投資の難易度を上げるだけ

「目標を立てること」「投資に絞ること」という段階を踏んで、ここで初めて「手法はファンダメンタルズに絞る」というところにたどりつくわけです。

一言で「投資」といってもいろいろやり方があって、稼いでいる投資家の中でもロジックはその人ごとに違いがあります。

まず、**株式投資の大前提として株価は業績で決まります**。つまり、業績が順調に伸びている会社は、長期的には株価も伸びていきます。この将来的な業績や利益の部分（ファンダメンタルズ）を分析して、有望な会社に投資していくのが大前提です。

ただし人によっては、「いつ資金を入れるのか？」をテクニカル分析で決める人もいて、そこは再三言うように、個人投資家は王様なので、各自の自由なわけです。

もちろん、そうしたロジックで勝ち続ける人もいるので、一概に否定するわけではないですが、**初心者・初級者に関して言えば、とにかく「シンプルなトレード」を心掛けた方がいいでしょう**。

なぜかというと、結局はファンダメンタルズもテクニカルも、「いつ買って売るのか」を決めるためのフィルターに過ぎないから。

時にはファンダメンタルズとテクニカルの示す売買のタイミングが相反することもあるので、両方を使うと投資の難易度が上がるのです。

プロだって10個のうち一つ当たれば「神」レベル

特に、テクニカルは判断をずらす言い訳がしやすいので、含み損が出ているタイミングで「自分の都合のいい基準」を探してしまうことになります。

全員が全員そうとは言い切れないですが、人間の心理というのは大体そんなもの。それが長年の経験から分かっているから、とにかく判断基準を複雑にせず、シンプルにトレードした方がいいのです。

私自身、長年金融の現場にプロとして携わっていて、昔自分が行った売買を振り返ると「え⁉　こんなしょぼいロジックでトレードしてたのか……下手くそだったな～」と思うことがあります。

その時はもちろん「素晴らしい投資アイデアだ！」と考えているのですが、それを検証してみるとうまくいかない、みたいなことはザラにあります。

そもそも**プロの世界でも、20個ロジックを考えて、そのうち一つ当たれば十分**で、10個考えたうち1個当たるようなら、もう「神」扱いです。

特に初心者がいくら複雑にロジックを組んでも、それがそのままピッタリと相場に当てはまる確率は限りなく低いと、はっきり言えるのです。

「どうしても難しいロジックでやりたいんです」と言うなら止めはしないですが、むしろ売買の基準が曖昧になって損失を大きくする可能性は高くなるよ、そのリスクは分かっておいてね、という話です。

ファンダメンタルズは一つのロジックから「横展開」ができる

だから、**初心者のうちはそんなリスクをむやみに取る必要は一切ないですし、自**

分のレベルに合ったロジックを考えて、トライ&エラーを繰り返していくことが重要です。

後から考えて短絡的だということも、もちろんあると思います。しかしそれは自然なことで、次第にやってはいけないことが理解できたり、今まで考えつかなかったことを思い付いたりできるようになるでしょう。

ファンダメンタルズの場合、「一つのロジックが別の場所でも通用することが多い」というのもポイントです。

例えば、新型コロナウイルスによる自粛期間中、テイクアウトに対応できた日本マクドナルドHD(2702)や、吉野家HD(9861)、日本KFCHD(9873)あたりの外食企業は業績が好調でした。

もともとこうした会社は、自粛期間以前からテイクアウトを事業として明確に育ててきたこともあり、テイクアウト関連のオペレーションの仕組みがすでにきっちりと完成していたのです。

こういう背景があって、自粛期間中に客が急増するのもうなずけたのです。

■日本マクドナルドHD（2702）

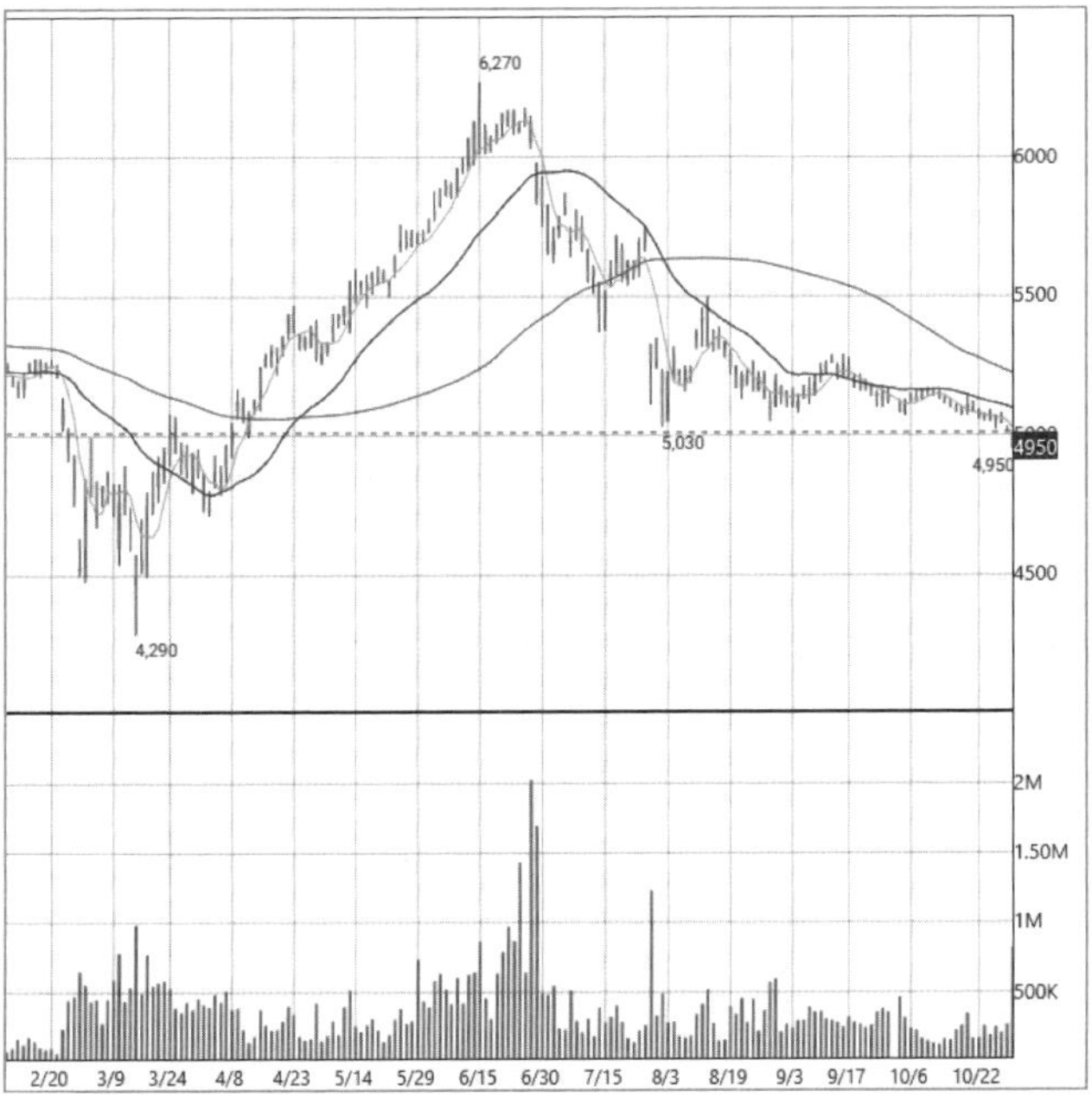

コロナショック以降、テイクアウト需要が高まり、対応できた外食企業は順調に株価が上昇した（チャート：岡三オンライン証券）

それがこうした会社の強みであり、ここを**「ロジックの基礎」**とします。

であれば、「他にどの会社がそれができるんだろう?」と考えて、「同業他社を一つ一つ当たっていく」というロジックが生まれます。

一例としてテイクアウトの話をしましたが、ファンダメンタルズというのは一つのロジックを軸にして、他のケースでも似たようなロジックを適用できないか?と考えていくことができます。**「一つのロジックを覚えてしまえば、横にどんどんと広げていける」、これがファンダメンタルズの強みです。**

だからこそ、シンプルなロジックを考えてトレードすることができるので、初心者にもおすすめするのです。

5　「自分で考えること」が重要

「銘柄クレクレ君」はNG

もう一つお伝えしておきたいのが、**「銘柄クレクレ君」には決してならないように**、ということです。

銘柄クレクレ君というのは「Bコミさん、○○（銘柄名）いつ上がりますか?」「買った方がいい銘柄を教えてください」と、自分の投資する銘柄を他人からパクったり、教えてもらう人のこと。

私もセミナーや勉強会でお話しする際に、実際の銘柄名を出して説明することがありますが、銘柄クレクレ君はこれを聞くためだけにわざわざ参加しています。「Bコミが紹介したから上がるだろう」と考えているわけです。

再三ですが、個人投資家は王様なので、他人の銘柄をパクっても誰かに文句を言われるようなことはありません。

しかしこのやり方には落とし穴があって、**「どのようなロジックをもとに銘柄選択をして、どのような過程で売買をしたのか？」**という本質的な部分が理解できないのです。

この部分を、「努力して理解しよう」「自分の手法に落とし込んでみよう」という考えであれば問題ありません。セミナーに登壇するということは、私も当然そのつもりで皆さんにお話しししているわけですから。

しかし、**ただ銘柄だけをパクって負ける人は、その部分すらも理解しようとしないで、自分の都合のいいロジックしか採用しません**。だから、結局売り時・買い時が分からないのです。そして損をすると、人のせいにします。

「○○終わったんですか?」というパワーワード

彼らはセミナーや勉強会の最中は寝ているのですが、いざ銘柄の話になると急に起きます。「どうしてその銘柄を選ぶに至ったのか」という部分が重要なのに、結局のところ、彼らが欲しいのは手法やロジックではなくて、「○○さんが上がるといっていた銘柄」なのです。

そうした人たちに限って「○○（銘柄名）終わったんですか?」と聞いてきますが、まさにダメな投資の例としてこれ以上のパワーワードはないでしょう。私からすると「それさえも自分で判断できないのか?」と思うわけです。

結局、彼らは自分が持っている銘柄をどんな理由で買ったのかよく分からないので、いつ売っていいかも自分では判断できません。

投資のやり方はいろいろとありますが、本当にこれだけはやめた方がいい。

ですから、**「目標を立てる」「シンプルなロジックを組む」の次は「自分で考える」ことが、投資で利益を上げるために重要な要素ということです。**

自分で考えることができれば、勝ち負けによらず前進できる

投資の判断を人に任せてしまうと、売買の理由が分からず、損や利益が出たときの理由も分かりません。人の言うことだけをそのまま信じて、最終的には損をして退場というのがお決まりのコースです。

一方で、自分でロジックを考え、「いつ買って、いつ売る」というタイミングに根拠があれば、負けた場合はやり方を改善できますし、勝った場合は似たような場面で再現ができます。

第2章

テクニカルと縁を切るのが資産形成の第一歩

1 ファンダメンタルズとテクニカル

テクニカルは勉強するな！

これから、本格的に投資を始めようとする皆さんにまず言っておきます。

「本当に株式投資でもうけたいなら、テクニカル分析とは今すぐ縁を切ってください」

このように言うと、

「投資ってテクニカルも必要なんじゃないの？」

「せっかくテクニカルの勉強をしてきたのに、縁を切るなんてもったいない」というような意見が聞こえてきそうです。その気持ちはとてもよく分かります。ちまたでは「投資はテクニカル分析だけでＯＫ」というような記事もありますし、正直、企業の業績や経営状況などの数字とにらめっこするファンダメンタルズ分析は「面倒くさい」「難しい」という印象があるのも理解できます。

しかし、長年、株式投資という世界に身を置いて実感できるのは、**「ファンダメンタルズ分析で個別の事例を積み重ねる」というやり方が、最も成長につながる**という点です。

GC、DCでは「下げた理由」を説明できない

例えば、代表的なテクニカル指標である「移動平均線」について考えてみましょう。移動平均線を使った代表的な売買サインとして「ゴールデンクロス（ＧＣ）」、デッド

クロス（ＤＣ）」があります。

ＧＣ　数値の異なる短期と長期、２本の移動平均線をチャートに表示したとき、短期移動平均線が長期移動平均線を下から上にクロスした状態のこと。買いのサインとして知られている

ＤＣ　ＧＣと反対に、短期移動平均線が長期移動平均線を上から下にクロスした状態のこと。売りのサインとして知られる

ＧＣ、ＤＣは有名な売買サインなので、初心者の人でも聞いたことがある人は多いでしょう。でも、実際に試した人は理解できると思いますが、仮に２本の移動平均線がＧＣしたからといって、価格は必ず上昇するわけではありません。

■GCしてから下がった銘柄例

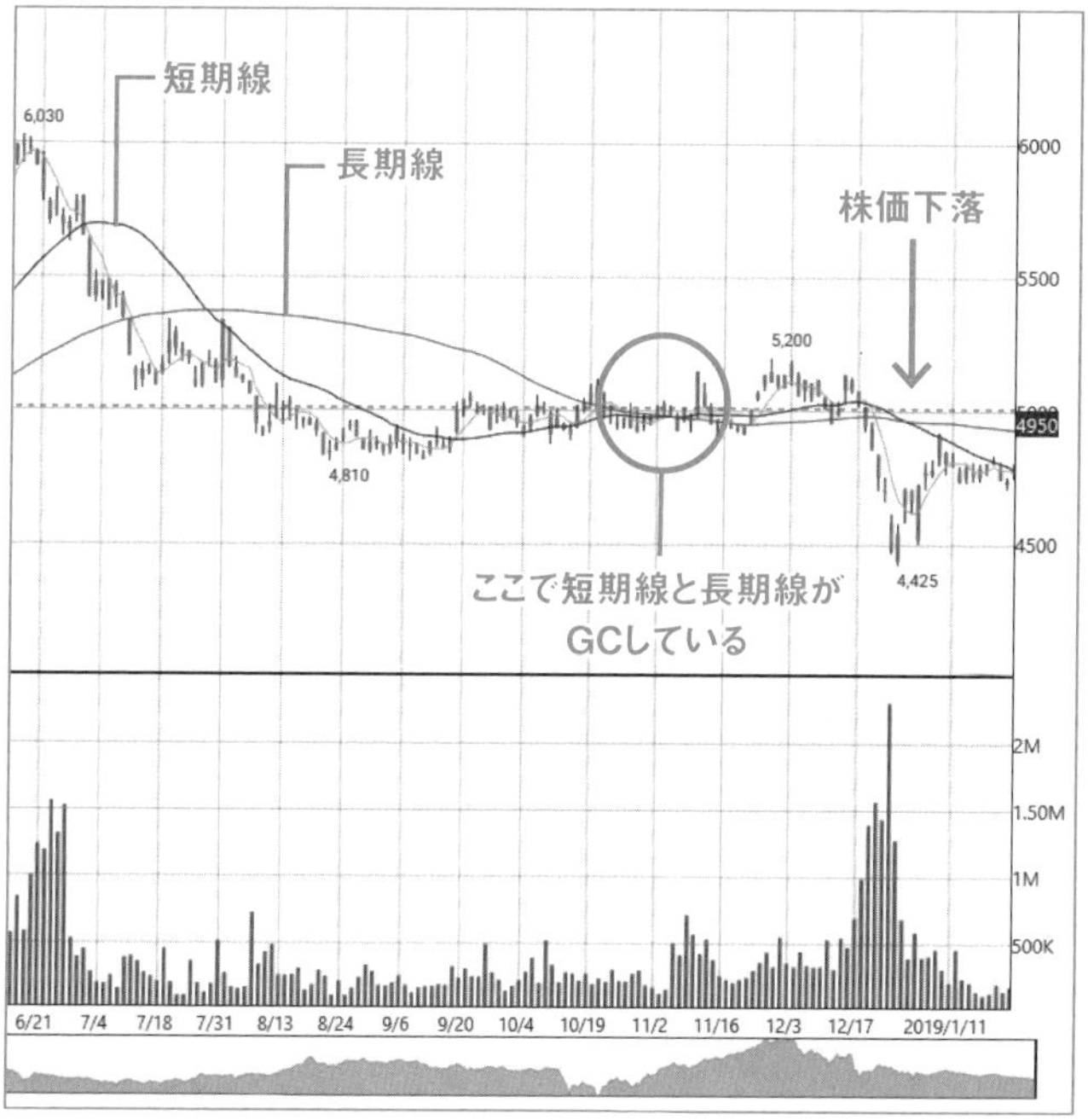

11月始めに長期線と短期線がGCしているが、それ以降株価が下降している（チャート：岡三オンライン証券）

「相場に100％はないし、たまたまサイン通りにならなかっただけだ」という意見も聞こえてきそうです。では、逆に質問したいのですが、なぜ「買いのサイン」とされるGCになったにもかかわらず、株価は下がったのでしょうか？　おそらくは、

・パラメータ設定が良くなかった
・テクニカルが効きにくい相場だった

このような回答が帰ってくると思います。これはどんなにテクニカルに精通している人でも同じで、**要は誰もこの理由をGCという観点からは説明することができないということです**。

もしかしたら、RSIやボリンジャーバンド、MACDなど別のテクニカルを追加してみたり、移動平均線のパラメータをいじってみたりすれば、下げた理由を説明できるかもしれません。

しかし、投資手法を考える上で最も重要なのは、一つのロジックが別の場所でも適

用できるか？という点です。平たく言うと「再現性があるかどうか」ということなのですが、**ケースバイケースで判断基準がブレるなら、それはもっともらしい理由を当てはめているだけで、投資手法とは呼べません。**

テクニカルで売買根拠を示すファンドマネージャーはいない

私がファンドマネージャー時代、運用で損失を出せば、ボスに必ず理由を説明しなければいけませんでした。

その時もし「移動平均線がGCしたので上がると思いました」と言おうものなら、間違いなく怒られます。

ですから業績や経済指標、業界動向や市況や割安など、ファンダメンタルズの観点から、その銘柄を買った根拠を示して説明するわけです。

このように、ファンダメンタルズであれば、対象の銘柄の株価が上がった理由・下

■テクニカルとファンダメンタルズの違い

テクニカル

GCなどの「買いサイン」が出たのに株価が下がったとき

→

理由

・パラメータの設定が良くなかった
・テクニカルが効きにくい相場だった

問題点

・「GCしたのになぜ株価が下がったのか?」という本質的な疑問に回答することはできない
・銘柄や相場ごとに基準がブレるのであれば、別のテクニカルやパラメータなど、「逃げ」の余地を作ってしまう

ファンダメンタルズ

業績が良くても株価が下がったとき

→

理由

セオリーとしては「好景気=株価上昇」、期待感から実態と離れた価格まで買われていたため、その分がはがれ落ちた

あくまで一例だが、ファンダメンタルズでは株価の上下は全て説明が可能=「逃げ」の余地がない

がった理由のどちらも説明できます。

株価は1、2期先を織り込んで推移していく

個別株は、国内の銘柄でも3700社以上あり、事業の形態や経営状況、社風などは一つ一つ異なります。

テクニカル分析というのは、こうしたそれぞれの背景を無視して限られたものさしで判断するわけですから、「なぜ株価が上昇（下降）したのか」を説明できないのも当然です。

また、株価は常に1、2期先の業績を織り込みながら推移していきます。つまり業績の部分をしっかりと分析できていれば、将来的な株価の推移がどうなるかもある程度予想がつくわけです。

その意味でも、**「ファンダメンタルズは難しい」と考えてテクニカルに逃げるのは、**

個別株投資においては、もったいない投資のやり方だと思うのです。

かといって、「ファンダメンタルズが簡単」というわけではありません。しかし、しっかりと軸を固めていくことで、テクニカル分析では見えてこない、本質的な部分をつかむことができるという点は保証します。

だからこそ、「本当に株式投資でもうけたいなら、今すぐテクニカルと縁を切ってください」とお伝えしています。

2 そもそも「ファンダメンタルズ」とは

「定量」と「定性」の二つで分析していく

このページを読んでくださっているのは、はっきりと「ファンダメンタルズでやっていく」と決意した人だけだと思います。ありがとうございます。

ここからはファンダメンタルズ分析について、具体的な方法論をお伝えしていきたいと思います。

まず、そもそも「ファンダメンタルズとはなんぞや」という部分ですが、大きな枠

組みとしては

・「定量分析」
・「定性分析」

という二つの考え方があります。
これらはビジネス用語や学術的なアプローチとしても使われることもありますが、なじみのない方に説明しておきましょう。

定量分析　ある事象を数字を用いて客観的に把握し、評価・分析する方法のこと。株式投資においては、財務諸表・BS（バランスシート）・PL（損益計算書）などの数字を使って分析する

定性分析　数字で表せない情報やデータを分析する方法のこと。株式投資においても、数字（財務諸表・BS・PL）などによらず、株価が上昇する「ストーリー」に焦点を当てて分析する

ストーリーを作って分析する「ロジック投資」

ファンダメンタルズ分析というと、多くの人は「定量分析」の方を思い浮かべるでしょう。私も定量分析はやっていますが、実際には定量1、定性4くらいの比率です。

つまり、数字とにらめっこする分析も当然しますが、**どちらかというと「株価が伸びるストーリーを描けるかどうか」を中心に分析していくということです。**

私はこうした定性分析のやり方を**「ロジック投資」**と呼んでいます。

■鉄スクラップ相場の推移

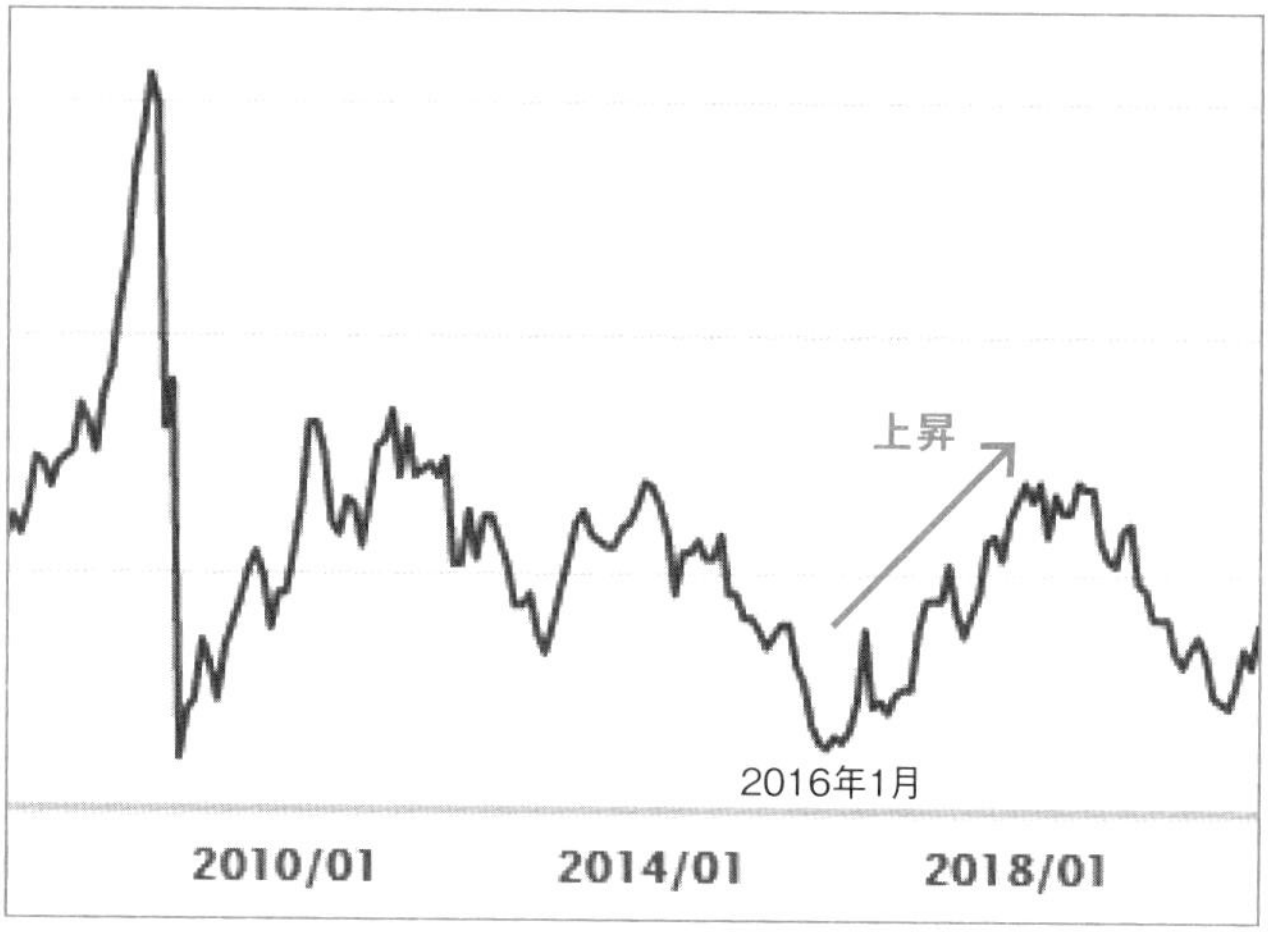

2016年ごろから、鉄スクラップ相場が上昇し始めていた
（出所：「鉄鋼主要品種の相場推移」産業新聞）

「ストーリー」というとふわっとしているので、具体例を出して説明していきましょう。私が過去にYouTubeで取り上げた、2017年8月の「エンビプロHD（5698）」についての分析です。

エンビプロHDは、静岡県に本社がある鉄鋼・金属関連の企業で、建築廃材や廃車を回集して、鉄くずに仕分けして販売するリサイクル事業が主軸です。

まず前提として、当時は資源相場全般が上昇していて、そうした資源高の恩恵を受けて周辺銘柄が堅調に推移していました。エンビプロが扱う鉄スクラップ相場も上昇していたので、業績に好影響を与えるのではないかと予想したのです。

また、同業他社と比較してみると、エンビプロよりも先に資源高の影響を受けた会社が大幅高していました。そうした中、エンビプロはPER（株価収益率）10倍程度にとどまっていて下値不安が少なく、「次に注目が集まるのはこの銘柄だ」というストーリーを想定しました。

PER　株価が「1株当たりの当期純利益」の何倍になっているかを示す指標

しかし、その年のエンビプロの決算は8月10日だったので、この状況であれば決算に先回りしても問題ないと考えて直前に買いましたが、こちらは不発でした。そこで、今期予想を見て一度ポジションを整理し、安値で買えた玉だけを残して、しばら

■エンビプロHDの売買

エンビプロHDの週足チャート（2017年7月～2018年3月）。決算近辺では不発だったが、8月後半から買われていることが分かる（チャート：岡三オンライン証券）

くホールドすることにしました。

そうしているうちに、8月下旬ごろ人気に火が付き、8月10日の決算当時は約400円だったのが、翌年の1月には1255円の高値をつけるまで上昇したのです。

ロジックを考えることは投資の「王道」かつ「根本」

このエピソードのポイントは、次の三つの要素を組み合わせて「ロジック」を組み、それをもとに投資を行っているという点です。

①投資する銘柄に合わせてファンダメンタルズを分析（エンビプロの場合は資源相場の上昇と、同業他社との比較）
②決算などの状況に合わせて、将来的にどのような値動きをするのか、ストーリーを作る（8月10日の決算前後でどのような動きをするのか？）

■ロジックは三つの段階で考える

分析
ピックアップした銘柄に合わせてファンダメンタルズを分析

▶

ストーリー作成
決算などの情報に合わせて将来的な値動きのストーリーを作る

▶

売買判断
ストーリーをもとにして、いつ買っていつ売るのかを検討

③ストーリーをもとにして、いつ買っていつ売るのかを検討（決算先回りは不発→今期予想を確認して玉数を調整しホールド）

こうした作業を、投資する各銘柄ごとに行っていくのが「ロジック投資」なのです。

全ての銘柄に、先ほどのエンビプロで使ったロジックが当てはまるわけではありません。そのため、ファンダメンタルズを分析するということは、投資する銘柄に合わせて個別でロジックを組んで検証していくわけです。

ロジックを考えることは、まさに株式投資の「王道かつ根本」なのです。

ロジックを組むのが嫌なら、投資顧問にお金を払おう

この作業を面倒と感じる人は株式投資に向いていません。

世の中にはこうした作業を行って顧客の資産運用にアドバイスする「投資顧問」という職業があるわけですから、彼らにお金を払って、どの銘柄に投資するかを決めた方がいいでしょう。

一方で、正直なところ、ロジックを組んで投資するやり方は「経験値」がものを言います。つまり、最初からいきなりバッチリとハマるロジックを組める人はほとんどいません。

■PDCAサイクルを回して経験値を積む

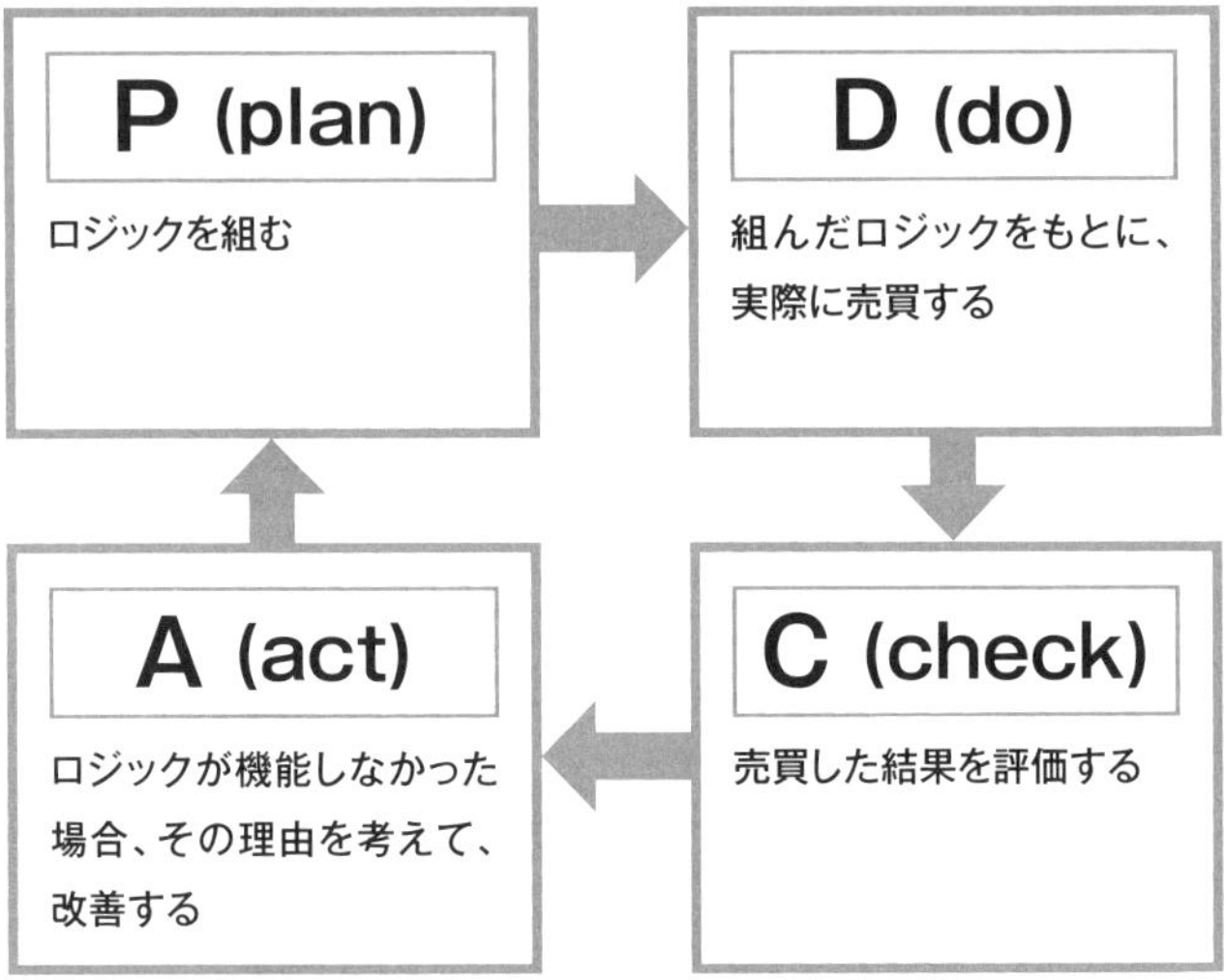
P (plan)
ロジックを組む
D (do)
組んだロジックをもとに、実際に売買する
C (check)
売買した結果を評価する
A (act)
ロジックが機能しなかった場合、その理由を考えて、改善する

ただし、こうした「ロジックを組む↓検証」という作業を積み重ねていくことで、確実に経験値がたまっていきます。

それまでに多数の事例において、背後の因果関係（エンビプロの例で言えば、鉄スクラップ相場の上昇・同業他社との比較など、ファンダメンタルズの部分）を理解していくことが、まだ出合ったことのない個別の事例に対応できる力を育てるのです。

銘柄のパクリはNGだが、ロジックのパクリはOK

1章では「銘柄クレクレ君になるな」と言ったように、人に教えてもらった銘柄に投資するのは最もNGです。

ただし、先ほどのエンビプロのロジックを応用して別の業界に当てはめてみるとか、そういった「ロジックのパクリ」は問題ありません。結局のところ、どの銘柄にそのロジックを当てはめるのかは、投資する本人が考える必要があるからです。

だからこそ、**初心者のうちは他人のロジックを積極的にパクって、「基礎」の部分を積み重ねていくべき**なのです。

冒頭で紹介した「勝ち組投資家育成クラブ」では、私がこれまでラジオやセミナーで解説してきたロジックをまとめたものをダウンロードできます。

前述の通り、それぞれのロジックは対応する個別銘柄に合わせて考案したものです。ダウンロードできたら、「どんな銘柄に投資したのか？」という部分よりも、「○○の銘柄に対してBコミはこういうアプローチをしたのか」という目線で考えてみてください。

そして、これから似たようなロジックが適用できそうな銘柄を探して検証する、といった使い方をして、とにかく個別の事例を積み上げていきましょう。

3 どういう戦略を取る?

「バリュー」と「グロース」

先ほどの「どういうロジックを組んでいくか」という話とは別に、ファンダメンタルズで分析していく場合、「戦略」を考えておく必要があります。

戦略というのは、

・バリュー戦略

・グロース戦略

と大きく分けて二つあります。

バリュー戦略　業績に対して株価が割安な銘柄に投資する戦略。一般的には対象となる銘柄のＰＥＲやＰＢＲ（株価純資産倍率）を見て、市場平均よりも低い（割安な）銘柄に投資している

グロース戦略　企業の成長性や将来性に注目して、今後の業績の伸びに期待できる銘柄に投資する戦略のこと。こうした企業はＰＥＲやＰＢＲで見ると割高なことが多い。成長株投資とも呼ばれる

グロース戦略は「椅子取りゲーム」

それぞれに良し悪しがありますが、**先に結論を言うと、初心者は「バリュー戦略」の方がおすすめ。**なぜかというと、グロース戦略は「椅子取りゲーム」だからです。

株式相場というのはその時々で良い相場・悪い相場があり、良い相場では、株式相場全体が上昇している成長株も多く出て、ある程度選択肢が多い状態です。

しかし相場が徐々に悪くなってくると、そうした中で成長できる銘柄も徐々に減って、最終的に椅子取りゲームになります。

例えば、業績が成長していて、それに伴って株価が伸びているAという会社があるとします。

仮にA社の株価が5000円、1株当たりの当期純利益が100円だったとすると、PER50倍ということは、A社が総利益でその株価を稼ぐために50年かかる計算

■成長株は「椅子取りゲーム」

相場が良いとき

成長株を椅子取りゲームに例えると、相場が良いときは初心者からプロまで椅子の数が十分にあり、皆が座っても(買っても)もうかる状態

相場が悪いとき

一方で相場が悪くなってくると、椅子の数が減るので、誰かが座れなくなる(=下落をつかまされる)

「ババ」をつかまされるのは
多くの場合、初心者

になります。

日経平均のPERが大体12～16倍なので、PER50倍というのは会社が今後かなり成長するものと見られていると判断できます。

少なくとも、利益と売上が年に20％は成長しているということですし、投資家も「A社は今後もこの成長率が続くはずだ」と考えているからこそ、買われるわけです。

しかし実際に決算のふたを開けてみて、仮に伸びがプラスマイナス0だったということになると、将来まで期待して株が買われているわけですから、その分はがれ落ちて株価も半分になるでしょう。

それでもPERで考えると25倍くらいなので、日経平均の水準までPERが下がれば、株価は3、4分の1です。

そして、相場が悪くなってくると「今後A社は成長する」と考える投資家の中で、誰かが「ババ」をつかまされることになる。だから「椅子取りゲーム」なのです。

成長株をやるなら10年に一度の大相場がおすすめ

実際、ババをつかむと塩漬けになりがちなのですが、「急落前よりも、急落後の方が業績は伸びているのに株価は3分の1のまま」ということもよくあります。

これを説明するには、「将来はもっと急加速で上がると思うので、数年先まで株価が織り込まれていて、今は最初に期待していたレベルより低いんだよ」ということになります。

この成長論を理解せずに「業績がいい＝伸びる」とセオリー通りに飛びつくと、「業績がいいのに株価は3分の1なのはおかしいだろ！」となってくる。

株価は基本的に業績に集約していきます。つまり、業績が良い企業は株価も高くなるということです。

これはあくまで長期的に見てということで、**成長株のように実態と離れた部分で期待を伴って買われている銘柄に限って言えば、セオリー通りにならないケースが多いでしょう。**

■10年に一度の相場

日経平均株価の週足チャート。アベノミクス相場が始まって以降、当初8100円台だった株価は3年で2万800円台まで上昇した（チャート：岡三オンライン証券）

この判断が少し複雑になるので、まずはバリュー戦略で始めましょうという話です。

もし、成長株に投資する場合は、よほど自信のある銘柄を見つけるか、椅子取りゲームにならないタイミングでやるべきです。直近で言えば2012年以降のアベノミクス相場のように、10年に一度は「どんな銘柄でも上がる」という大相場が来るので、そうしたタイミングでは成長株を中心に打ち込むのが初心者にはおすすめです。

4 銘柄はどうやって探す？

銘柄選択には「銘柄スカウター」が最も効率的

定量分析は「縦軸」と「横軸」で見ていく

先ほどお話ししたロジック投資について、定性面を中心に分析していくわけですが、その前段階として定量面の分析が必要です。

定量面の分析については、「縦軸」と「横軸」で考えると理解しやすいと思います。

例えば、興味のある銘柄がある場合に、**その銘柄単体のファンダメンタルズを見ていくのは「縦軸」の分析です**。過去数年間の業績の進捗《しんちょく》率や、売上がどのように推移しているのかなど、過去から現在までの動きを通して分析することで、将来的に業績がどのように推移するのかというストーリーが描けるようになります。

一方で、**横軸は「同業他社」との比較**。例えばＰＥＲは、その銘柄の割安度を表す便利な指標です。ただし、個別株のＰＥＲは「高くなりやすい業界」「低くなりやすい業界」があります。前者はＩＴ、バイオなどの業界、後者は銀行や商社などの業界がそうした傾向です。

そのため、仮にＰＥＲ20倍の銘柄があったとして、前述の日経平均のＰＥＲから考えれば、比較的高い状態ではありますが、ＩＴ業界に属する銘柄であれば「そこまで高くない」という判断ができます。

■定量分析は「縦軸」と「横軸」で見る

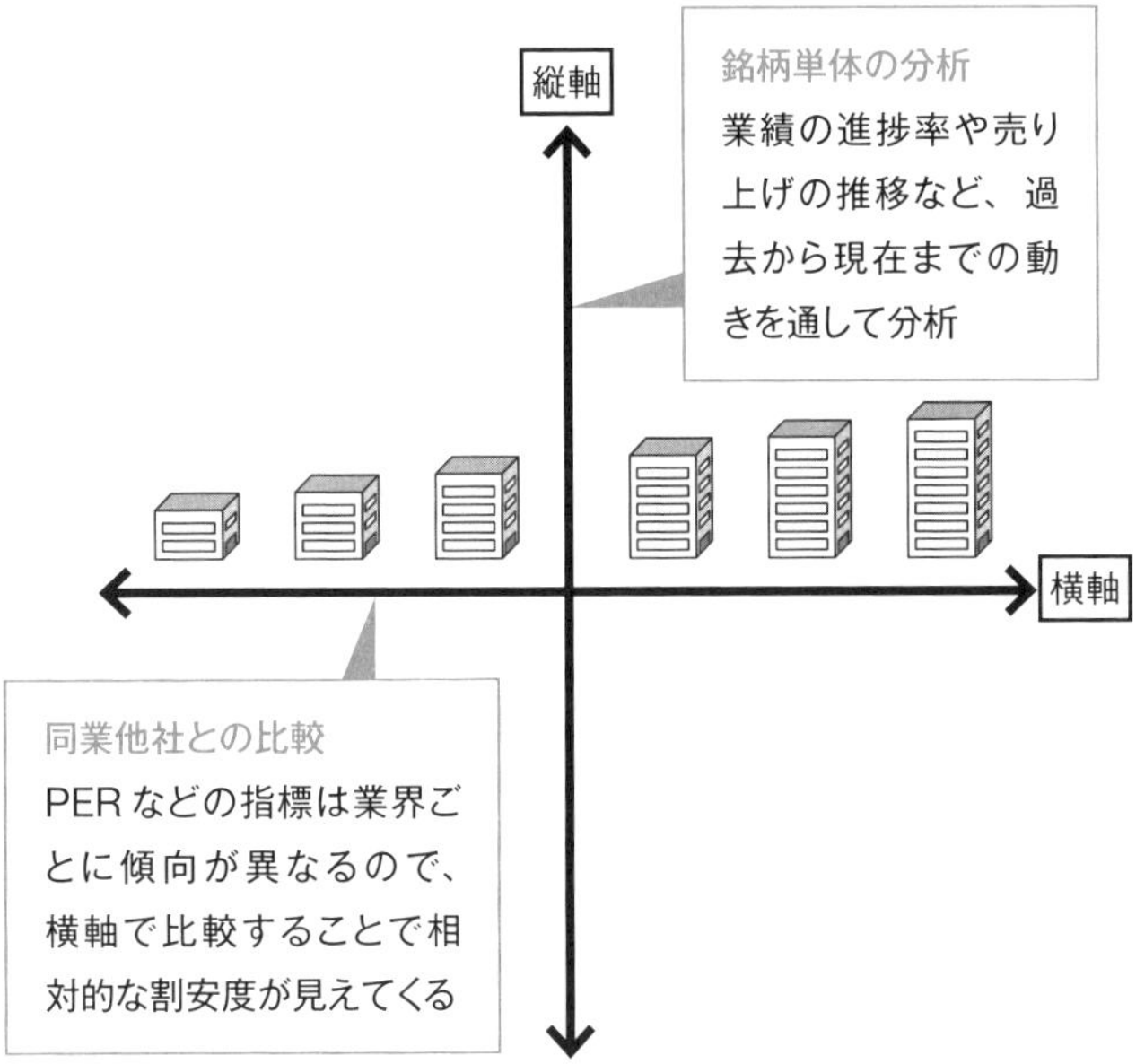
縦軸
銘柄単体の分析
業績の進捗率や売り上げの推移など、過去から現在までの動きを通して分析
横軸
同業他社との比較
PERなどの指標は業界ごとに傾向が異なるので、横軸で比較することで相対的な割安度が見えてくる

つまり、ＰＥＲは個別に縦軸を見ていくこともちろん重要なのですが、横軸で比較することで「あ、この銘柄は同業他社と比較しても買われていないな」というようなことを判断できるのです。

こうした理由から、ファンダメンタルズでは縦軸・横軸の両面で分析する必要があるということを理解していただけたと思います。

銘柄スカウターを使えば「横軸」「縦軸」の分析が簡単にできる

興味のある銘柄がたくさんある場合、その都度、四季報やIR（投資家向け広報活動）のサイトなどに情報を取りに行くのは面倒でしょう。**そこで皆さんにおすすめしたいのが、「銘柄スカウター」です。**

銘柄スカウターは、マネックス証券が独自で開発した投資ツールで、証券口座を持っていれば誰でも無料で使うことができます。

このツールを使うと、先ほどお話しした「横軸・縦軸」の分析が非常に簡単にできるので、私自身も普段から愛用しています。

銘柄スカウターは非常に多機能で、主に以下のような機能があります。

・個別分析

企業情報、決算発表のスケジュール、業績の進捗《しんちょく》・推移、バランスシート、業績予想修正、配当などの任意の銘柄のファンダメンタルズを分析できます。

■銘柄スカウターのトップ画面

銘柄名 (銘柄コード)	ＮＴＴドコモ (9437)	ＫＤＤＩ (9433)	ソフトバンクG (9984)	－	－	－
業種	情報・通信	情報・通信	情報・通信			
株価 (10/30)	3,887.0 円	2,792.5 円	6,793.0 円			
予想PER	20.7 倍	10.0 倍	－ 倍			
PBR	2.28 倍	1.39 倍	2.02 倍			
予想配当利回り	1.61 %	4.30 %	－ %			
ROE	11.14 %	14.93 %	-14.21 %			

マネックス証券に口座を作成するだけで、無料で使うことができる

・**銘柄の比較**
任意で最大6銘柄を横並びに表示して、投資指標や業績実績などが比較できます。

・**決算スケジュール**
決算を予定している銘柄を、カレンダー形式で表示して確認できます。

・**業績修正を探す**
直近1カ月の企業が発表した通期の実績および予想値を新着順に確認できます。

銘柄スカウターの「銘柄比較」

銘柄比較

銘柄比較一覧 | 通期業績グラフ | 四半期業績グラフ | 株価指標グラフ

表示項目選択： ☑株価/基礎情報 ☑投資指標 ☑業績実績 ☐直近四半期業績 ☑業績予想 ☑アナリスト評価 ☐キャッシュフロー ☑業績進捗率 ☐セグメント売上 ☐セグメント利益 ☐利益率等（通期） ☐財務指標

表示項目並び： 並び順リセット

お気に入り銘柄から選択

銘柄名（銘柄コード）	NTTドコモ (9437)	KDDI (9433)	ソフトバンクG (9984)	銘柄名・銘柄コード	銘柄名・銘柄コード	銘柄名・銘柄コード
業種	情報・通信	情報・通信	情報・通信			
お気に入り登録 / 銘柄詳細	★ / 株価を見る	☆ / 株価を見る	☆ / 株価を見る			
株価/基礎情報						
株価 (10/30)	3,887.0 円	2,792.5 円	6,793.0 円			
売買単位	100 株	100 株	100 株			
時価総額	125,497 億円	64,344 億円	141,961 億円			
市場	東証1部	東証1部	東証1部			
決算期	2021/03 (12か月)	2021/03 (12か月)	2021/03			
会計基準	IFRS	IFRS	IFRS			
株主優待	なし	あり	あり			
投資指標						
予想PER	20.7 倍	10.0 倍	– 倍			
PBR	2.28 倍	1.39 倍	2.02 倍			
予想配当利回り	1.61 %	4.30 %	– %			
実績配当利回り	3.09 %	4.12 %	0.65 %			
ROE	11.14 %	14.93 %	-14.21 %			

同業他社などを表示させ、横並びでPERなどの数値の比較ができる

・10年スクリーニング

通常のスクリーニングに、最大10年間までの時間軸を取り入れることで「長期で成長を続けている銘柄」というようなスクリーニングを行うことができます。

その他、「業績ニュース」「適時開示」といったチェックしておくべき最新情報も、一つのツールで全て確認できるのもメリットの一つです。

個別分析で「縦軸」を、銘柄比較で「横軸」を分析する

銘柄スカウターを使う基本的な流

銘柄スカウターの「個別ページ」

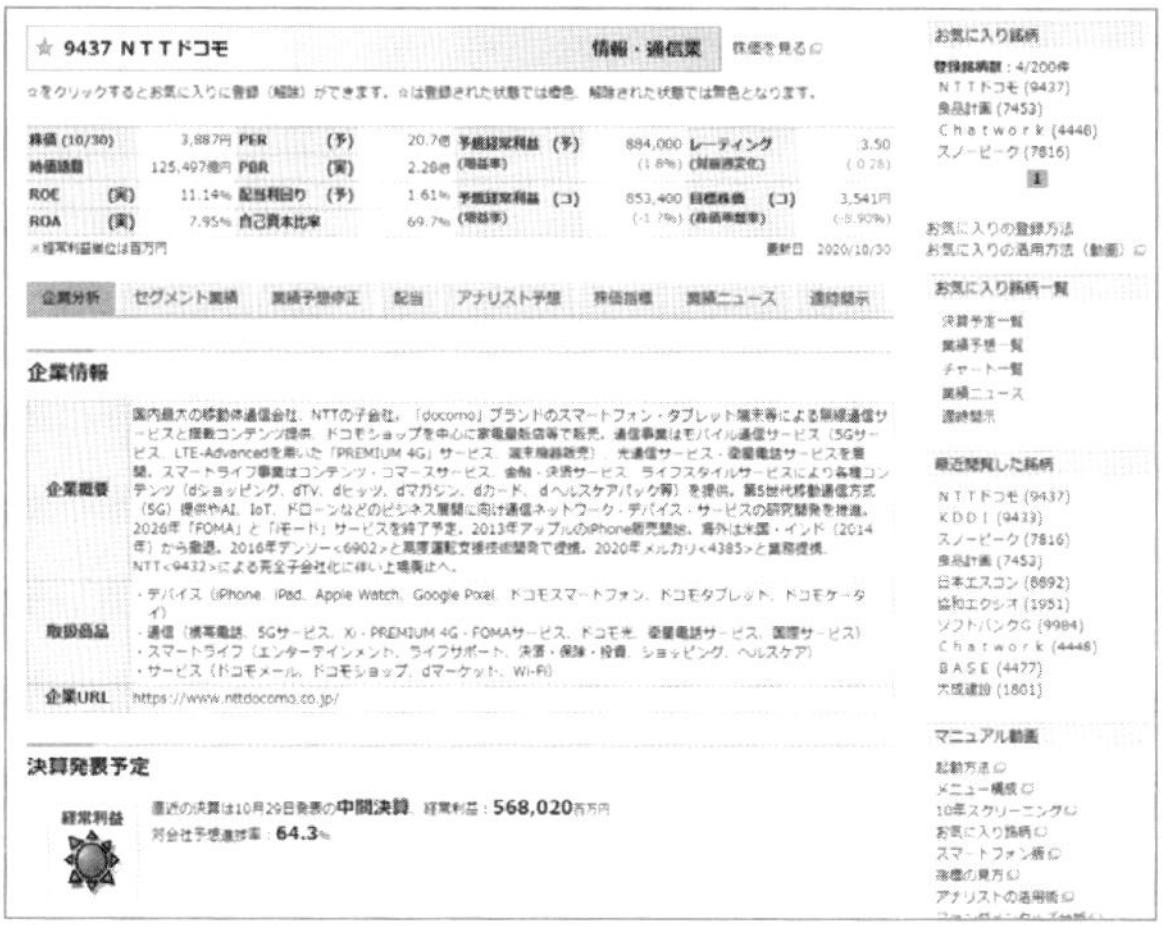

企業情報から業績、配当実績など細かな推移を分析できる

れを説明しましょう。

まず自分の興味のある銘柄がある場合、銘柄検索で銘柄名もしくは銘柄コードを入力して表示させたら、個別ページの☆マークをクリックして、一通り「お気に入り」に登録しておきます。

どんな銘柄を探したらいいか分からないときは、「10年スクリーニング」を活用して、銘柄を絞り込むといいでしょう。スクリーニングの基準が分からない場合は、マネックス証券が提供している「おすすめスクリーニング」を使ってみるのも一つの手です。

登録したら、次は個別の状況を見ていきましょう。

業績の進捗状況やPERなどの株価指標はもちろんのこと、4章で解説する「インカム」を狙っていく投資であれば、過去の配当実績は必ずチェックしておきます。これが「縦軸の分析」です。

また、同時に「銘柄比較」の機能を使って同業他社と業績や株価指標の「横軸の分析」を行いましょう。

例えば同業他社と比較して、PERが割安で放置されているのであれば、その理由を調べて仮説を立ててみる、といったロジックを組み立てる際に役に立ちます。

ここまでが、基本的な流れです。

銘柄スカウターのメリットは、こうした作業を全て一つのツールで行うことができるという点にあります。

決算短信こそ同じようなフォーマットですが、説明会資料などは企業ごとに作り方が異なります。**銘柄スカウターを使うことで、そうした情報をフラットに分析できるということは、ファンダメンタルズ分析において非常に有益です。**

■銘柄スカウターを使う手順

興味のある銘柄を「お気に入り銘柄」に登録

もしくは「10年スクリーニング」を使って、銘柄探しを行い、「お気に入り銘柄」に登録

▼

業績の進捗状況や配当の実績など、縦軸の分析を個別ページで行う

同業他社とのPER比較など横軸の分析を「銘柄比較」で行う

▼

・値動きの動向をストーリーにして考える
・IRや周辺環境などをさらに深掘りする

しかし銘柄スカウターを使った分析というのは、あくまで投資する銘柄を選定する「基礎固め」に過ぎません。

より深掘りする場合は、企業のIRに飛んでみる、前述のエンビプロHDの例における鉄スクラップ相場のように外部環境を調べてみるなど、次のアクションがあってこそ、精度の高いロジックが組めるようになるのです。

その点は忘れないようにしておいた方がいいでしょう。

第3章
初心者でも勝てる、株主優待を使った投資手法

1 ファンダメンタルズを軸に、他の手法も組み合わせていく

株式投資で一番簡単なのは「株主優待」

2章までで、投資についてのマインドセットと、具体的なファンダメンタルズ分析の方法について触れました。ファンダメンタルズに基づく投資判断というのは、株式投資において最も本質的な部分ですし、ここを避けて「株式投資で資産形成をしていく」というのは難しいわけです。

ただし前述した通り、しっかりとロジックを組んで投資銘柄を選別し、結果が出せ

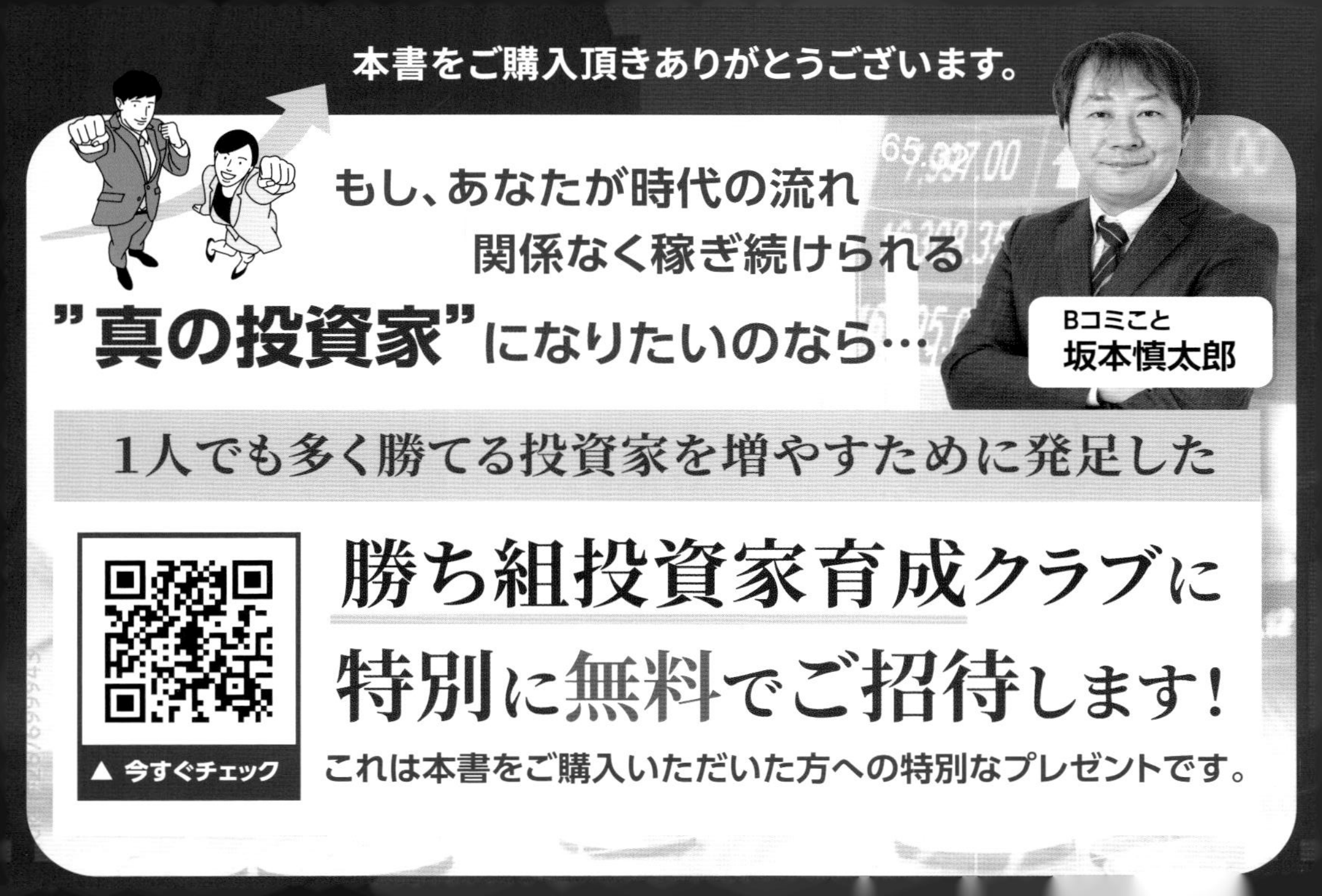
本書をご購入頂きありがとうございます。
もし、あなたが時代の流れ
関係なく稼ぎ続けられる
”真の投資家”になりたいのなら…
Bコミこと
坂本慎太郎
1人でも多く勝てる投資家を増やすために発足した
勝ち組投資家育成クラブに
特別に無料でご招待します！
▲ 今すぐチェック
これは本書をご購入いただいた方への特別なプレゼントです。

るようになるにはそれなりに時間がかかるので、経験値を積むという意味でも、こうした投資のやり方はじっくりと取り組んでいく必要があります。

しかし、あなたが成長していく過程で**「その期間は損をしろ、失敗をしろ」**というわけではありません。

株式投資には先ほどのロジック投資のようにある程度、経験値を積むと飛躍的にもうかるようになる手法もあれば、初心者が始めても比較的もうかりやすいやり方もあります。**したがって、あくまでロジック投資を主軸としつつ、サブで取り組みやすい手法を使って資産形成をしていけばいいのです。**

この「初心者でももうかりやすいやり方」の中でも最も簡単なものの一つに、**「株主優待を使った投資方法」**があります。

そう、読者の皆さんの多くがご存じ、あの「株主優待」です。

優待は「利回り」で考えることができる

株主優待について、株を保有していると商品券が配られるといったような、あくまで「株式投資のオマケ」というのが、一般的なイメージだと思います。

例えば、100株保有で年2回、3000円相当の食事優待券がもらえる吉野家HD（9861）や、年1回、ディズニーランドとディズニーシーで使える1日パスポートがもらえるオリエンタルランド（4661）などが有名です。

株主優待は、株を保有することで得られるメリットがとても明確になるので、このような優待目当てで株を始める人も多いのではないでしょうか。

また、そこからもう一歩踏み込んで、**株主優待を「利回り」として考えるやり方もあります**。株主優待の中には「クオカード3000円分」というように、金券ショッ

■優待利回りの計算方法

優待利回りは

株主優待の価値 ÷ 投資金額 × 100

で計算される

例：優待のリターンが3000円、100株で10万円の銘柄の場合

3000円 ÷ 10万円 × 100

で優待利回りは 3% となる

プなどで換金できるものもあります。仮に100株が10万円の株を買って、1年で3000円分のリターンがある場合、

株主優待の価値÷投資金額×100

で、利回りを計算できるので、この銘柄の利回りは3％（3000円÷10万円×100）となります。

株主優待の利回りのことを「優待利回り」といい、優待利回りが高い銘柄は投資情報誌などでもよくランキング化されているので、ご存じの方も多いでしょう。

優待銘柄は株価が安定しやすい

株式を保有することで得られるリターンとしては、株主優待の他に「配当」もあります。

配当も利回りで計算できるので、利回りの高い配当や株主優待を出す銘柄など、「インカムゲイン」を狙って投資するというやり方もあります。

特に株主優待に関して、最近は長期保有することで優待内容がグレードアップする銘柄もよくあるので、こうした目的で長期保有する投資家も少なくありません。

そのため、優待銘柄は少し株価が下がってもすぐに買われ、比較的株価が安定しているのが特徴です。

ここまでが、株主優待についての「一般論」であり、この特徴は相場において広く知られています。

■底値が限定された優待銘柄

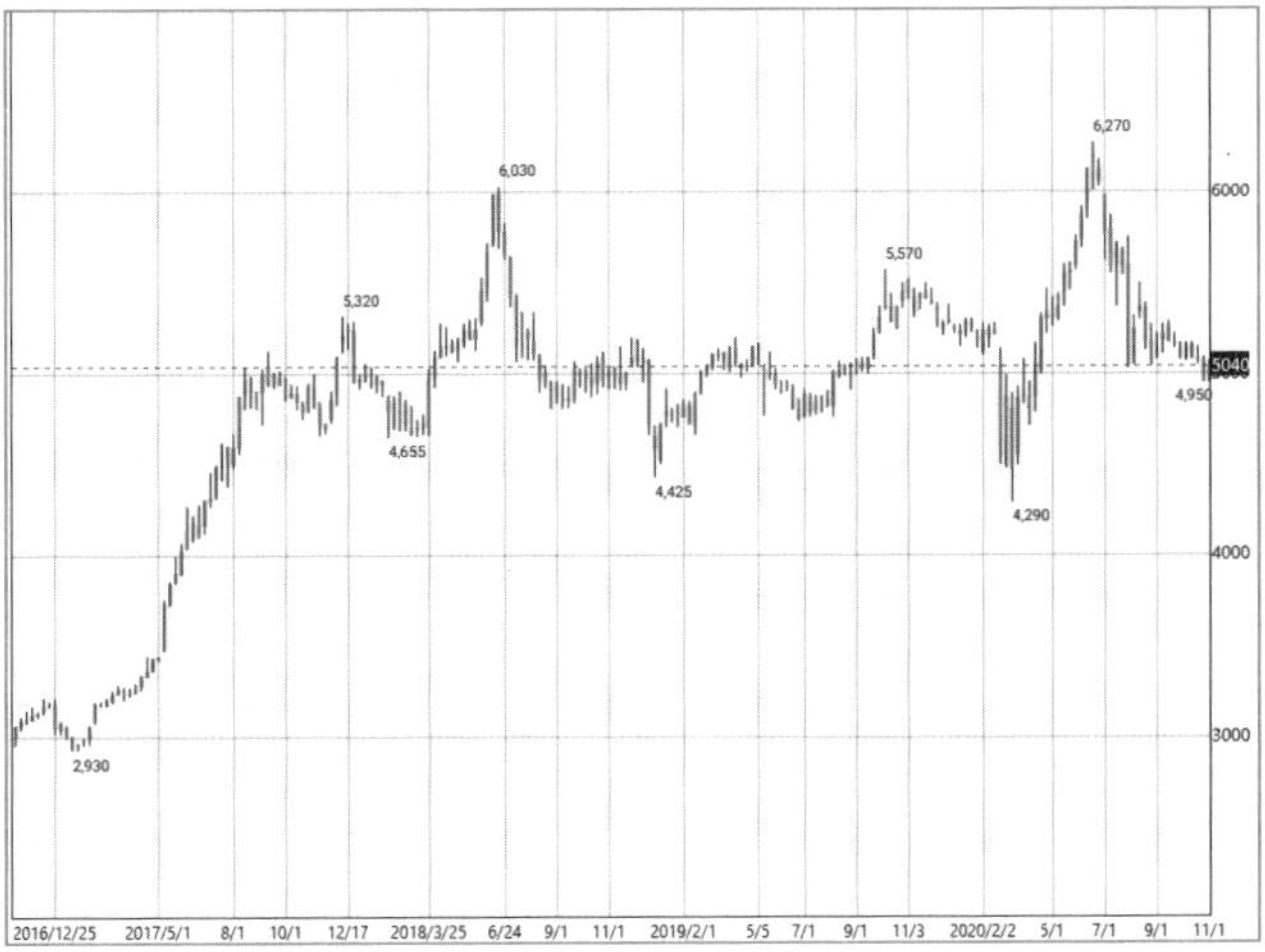

マクドナルドHDの週足チャート。株価が下がっても買われやすいので底値が限定されている（チャート：岡三オンライン証券）

2 株式優待について もう一歩踏み込んで考えてみる

優待銘柄は分散投資がやりやすい

本書では「○○の優待は、すごくお得だから買い」というような話はしません。むしろここからが本題で、**こうした株主優待に関する一般的な認識（心理）を利用して、投資に活用する、というのが目的です。**

まず考えられるのが、**「優待銘柄の分散投資」**でしょう。先ほどもお伝えしたように、優待銘柄は株価が安定しやすいという特徴があります。そこである程度、優待利回りや配当利回りの高い銘柄を分散して買うことで、リスクを抑えつつインカムゲインを狙うことができます。

しかし、優待銘柄への分散投資は**「権利付き最終日」**に注意しておかなければなりません。

株主優待をもらうには、企業ごとに定められた「権利付き最終日」までに指定の単元を購入し「株主」として企業の名簿に記載されておく必要があります。実際に株主名簿に反映されるのは2営業日後の「権利確定日」なのですが、権利確定日に購入しても株主名簿に記載されないため、株主優待はもらえません。

したがって、極端な話、権利付き最終日当日に株を購入すると株主として登録されますが、1年間保有して権利付き最終日の前日に売却した場合、株主名簿には記載されないのです。

■優待をもらうには「権利付き最終日」までに買う

月曜日	火曜日	水曜日	木曜日	金曜日	土曜日	日曜日
30	31	1	2	3	4	5
6	7	8	9	10	11	12
13	14	15	16	17	18	19
20	21	22	23	24	25	26
27	28	29	30	31	1	2
		権利付き最終日	権利落ち日	権利確定日		

この日までに株を買う

月末（31日）が権利確定日の場合、ここから2営業日前の29日に株を買うことで、優待をもらう権利を得ることができる

権利落ち日対策に「つなぎ売り」が有効

■権利落ちで株価が下がった例

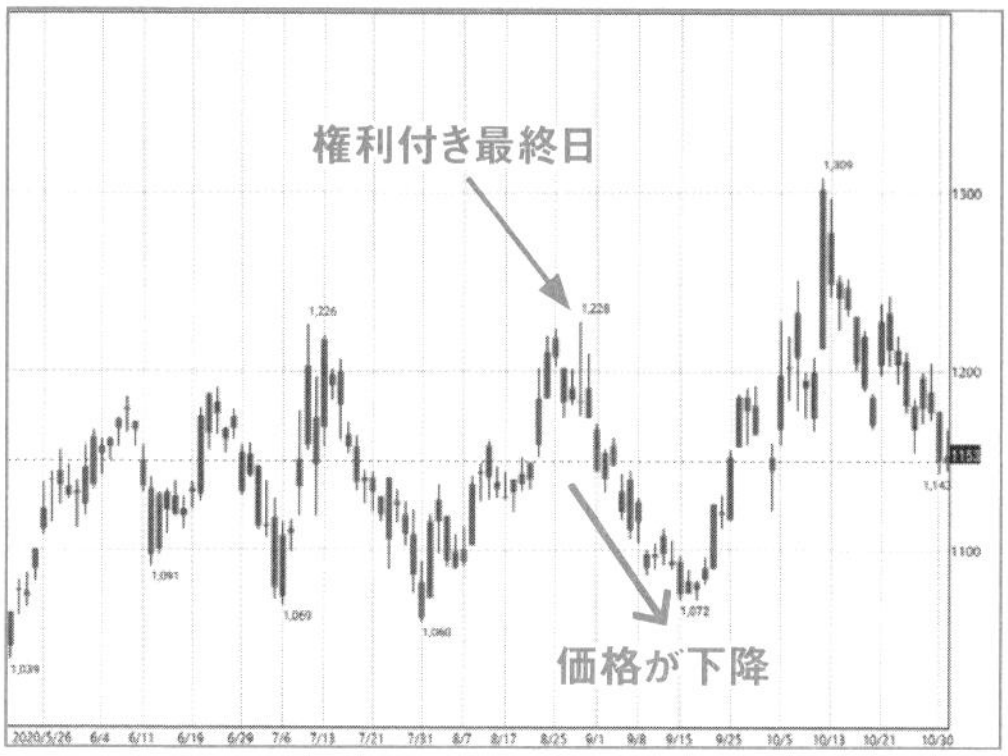

ビックカメラ（3048）の日足チャート（2020年5月〜）。8月末の権利落ち以降、株価が下降した（チャート：岡三オンライン証券）

カンのいい方ならお分かりだと思いますが、**特に優待利回りが高い銘柄では、権利付き最終日前から買い注文が増加していく傾向があります**。逆に、権利付き最終日の翌営業日は「権利落ち日」と呼ばれていて、前日に購入した株を権利落ち日に売却しても株主優待はもらうことができるため、売りの勢いが強くなります。

つまり、優待銘柄は権利付き最終日をピークとして、上のチャートのような値動きをすることが多いのです。

権利落ち日に売られる傾向があると分かっているのであれば、あらかじめ対策をしておく必要があります。

そのために、信用取引を利用した「つなぎ売り（クロス取引）」を行います。

つなぎ売りは、信用取引で行うことができる「空売り」を使ったテクニックのことです。

空売り　信用取引では証券会社から資金や株券を借りて「買い」と「売り」両方の取引を行うことができ、売ってもうける取引のことを「空売り」と呼ぶ。空売りを行った場合、株価が下がれば利益が出る

例えば、A社という優待銘柄を100株保有しているとしましょう。この銘柄を権利付き最終日まで保有しておけば、優待をもらうことができますが、翌営業日の権利

■つなぎ売りの例

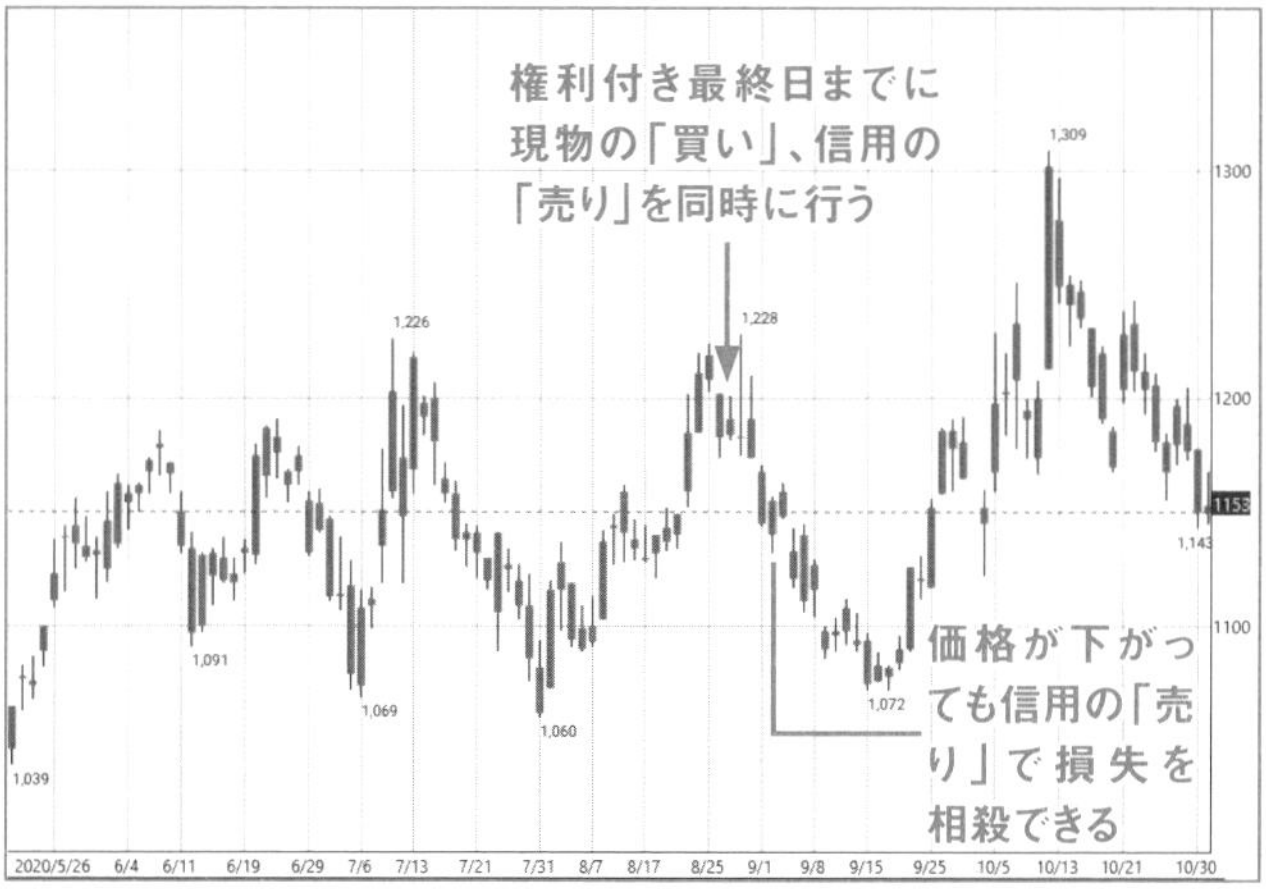

8月末が権利確定の銘柄であれば、権利付き最終日までに現物の「買い」と信用の「売り」を同じ株数持っておくことで、含み損を相殺できる

落ち日に株価が下がる可能性が高いと判断できます。

　そうしたとき、同じA社を１００株空売りしておくと、権利落ち日以降の株価の下落で出た買いの損失分を、空売りの含み益で相殺できます。

　ただし、空売りできる銘柄には「制度信用」と「一般信用」という区分けがあり、制度信用銘柄を空売りすると「逆日歩」という、手数料が取られることがあります。

制度信用　証券取引所が選定した銘柄を対象に行われる信用取引。基準をクリアしている銘柄なので、比較的低い金利で利用できる。返済期限は6カ月と決められている

一般信用　投資家と証券会社の間で行われる信用取引。金利や返済期限は証券会社が自由に決めることができるため、制度信用銘柄に比べて金利が高い傾向がある。一方で返済期限は数年単位のような長期で設定されることも多い

逆日歩　制度信用銘柄の取引で、証券会社が投資家に貸し出せる株や資金が不足すると「証券金融会社」から調達する場合がある。その際に、投資家が支払

うコストのこと

銘柄ごとに逆日歩の大小は異なりますが、場合によっては優待で得られる利回りが吹き飛んでしまう可能性もあります。

そうならないためにも、**つなぎ売りをする場合は、逆日歩がかからない一般信用で空売りをするのがおすすめです**。

こうした分散投資を行う上でのポイントとしては、ただ利回りの良い銘柄を狙うというよりも、２章で紹介した銘柄スカウターを使うなどして、ある程度ファンダメンタルズの部分でスクリーニングしておくということです。

そうすると、優待や配当を狙いつつ、時折値上がりする銘柄も出てくるので、キャピタルゲインも狙うことができます。

もう一歩進んだ考え方

ここまで、優待銘柄の基本的な考え方について触れてきましたが、ここからさらに一歩踏み込んで、現実的に利益を上げる方法に落とし込んでいきましょう。

再三ですが、**優待利回りの高い銘柄は権利付き最終日に向けて株価が上昇する傾向があり、これは株式相場においても広く知られている特徴です。**

よく考えてみてください。こうした「傾向」というのは投資において非常に重要だと思いませんか？

例えば「ロジック投資」の場合、特定の銘柄や業種の傾向があらかじめ分かっていれば、売買のプランを立てる際に非常に役立つはずです。しかし、傾向を知るためには一つ一つを分析していく必要があり、労力がかかります。

■優待銘柄の特徴

①株主優待は「モノ」という形で、メリットが明確

②インカムゲイン狙いで買われやすい

③株価が下がっても買われるので、値動きが安定しやすい

④権利付き最終日に向けて株価が値上がりしやすい

まとめると優待銘柄にはこうした傾向がある

＝傾向があるのであれば、それを利用することで勝つ確率を上げることができる

しかし優待銘柄の場合、大枠でその傾向があらかじめ明確になっています。

つまり、**「優待をもらいたい人」や「権利付き最終日に向けた値上がりを狙いたい人」の行動が、事前にある程度、把握しやすいということなのです。**

「権利確定日から3カ月＋5日前」に先回り投資

おおむね、**こうした人たちは、権利付き最終日から逆算して、2、3カ月前から先回りして買ってくる傾向にあります**。基本は優待取り狙いで、値上がりも取れれば良し、というようなイメージでしょうか。

実際、利回りの高い銘柄は、それくらいの時期から徐々に株価が上昇してくることが多く、こうした動きも、ある程度相場で知られています。

このため私がおすすめしたいのが、彼らに少し先回りして株価が上がり始める前に買っておくという方法です。具体的には**「権利確定日から3カ月＋5日前」に仕込んでおく**のがいいでしょう。

土日を挟むこともあるので「5日前」というのはざっくりしたイメージで大丈夫。

重要なのは、**「3カ月前に買い始める投資家に対してさらに先回りする」**という点です。

また、この投資法の場合、収益にしたいのは「値上がり（キャピタルゲイン）」なので、買ってから順調に値上がりすれば、権利付き最終日までに売却しても特に問題ありません。

もし、優待が欲しい場合は権利付き最終日まで保有しておけばいいですが、前述のつなぎ売りなどを使って、権利落ち日の対策はしておいて損はありません。

先回り投資は万能ではないが、初心者でも取り組みやすい

この投資法は「相場が右肩上がりの時に機能しやすい」という点も覚えておいた方がいいでしょう。

あくまで「優待利回り」で見ていくので、ＰＥＲが１００倍とか減収減益といった銘柄もたくさんあり、そういうものは相場が悪くなると優待利回りなどとは関係なく売られるので、含み損が出る可能性が高くなります。

とはいえ、優待利回りの良い銘柄は雑誌や投資情報誌にもたくさん掲載されているので、銘柄を選ぶのも簡単です。

また、「3カ月＋5日前に先回り」して買うだけなので売買のタイミングも明確になり、初心者でも取り入れやすく、かつ利益も出しやすいのでかなりおすすめできる手法です。

最初はこちらから始めて、ロジック投資と並行させていくというやり方でも特に問題ありません。

「先回り投資」の他にも、優待銘柄を使った初心者の方でも取り入れやすい手法はいろいろあり、「逆日歩狩り」などについてご紹介したいのですが、残念ながら本書のスペースの都合で割愛しています。

第4章

安定した利益を狙いやすい「インカム投資」

1 インカムによる利益を加えて、収益を安定化させる

一度保有してしまえば、年間を通して継続的に利益を得られる

2章までに紹介してきた「ロジック投資」に加えるもう一つの手法として、「インカムゲイン」を狙ったものがあります。

インカムゲインについては「優待投資」の項で少し触れましたが、改めて説明すると、**株式や債券などの金融商品を「保有」することで得られる利益**のことです。

インカムゲインを狙った投資手法のメリットとしては、**「継続的な収入を得られる」**という点があります。

キャピタルゲインの場合、いかに業績面が良い企業であっても、高いところで買って安いところで売ってしまうと1円の利益にもなりません（むしろ損をする場合もあります）。

つまり、デイトレードや中長期といった手法を問わず、「いつ買って、いつ売るか」が重要ですし、そのためにファンダメンタルズを分析してロジックを組み、投資するタイミングを精査していくわけです。そのタイミング次第で、利益にも損失にもなるのがキャピタルゲインです。

一方、インカムゲインの場合、一度保有してしまえば株式なら配当が年に1、2回、継続的に支払われます。

途中で増配や無配など、内容が変化することはありますが、仮に配当が1株当たり20円であれば、1000株保有することで、年間2～4万円の利益を継続的に得ることができるのです。

■インカムゲインとキャピタルゲインの違い

インカムゲインとは

配当や利子のように、商品を保有しそこから得られる利益のこと

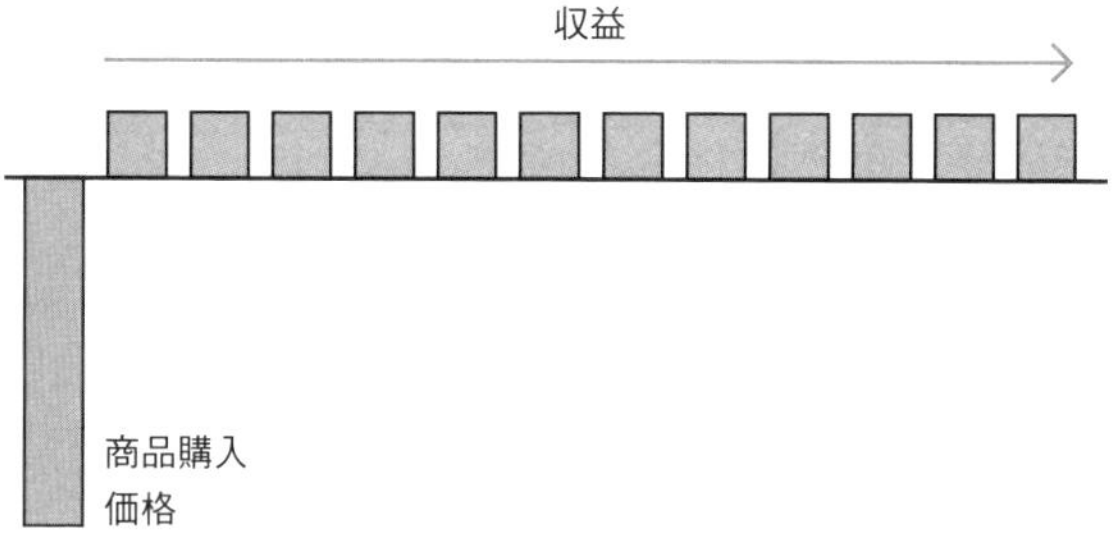

キャピタルゲインとは

商品の購入価格と売却価格の差額で得られる収益のこと

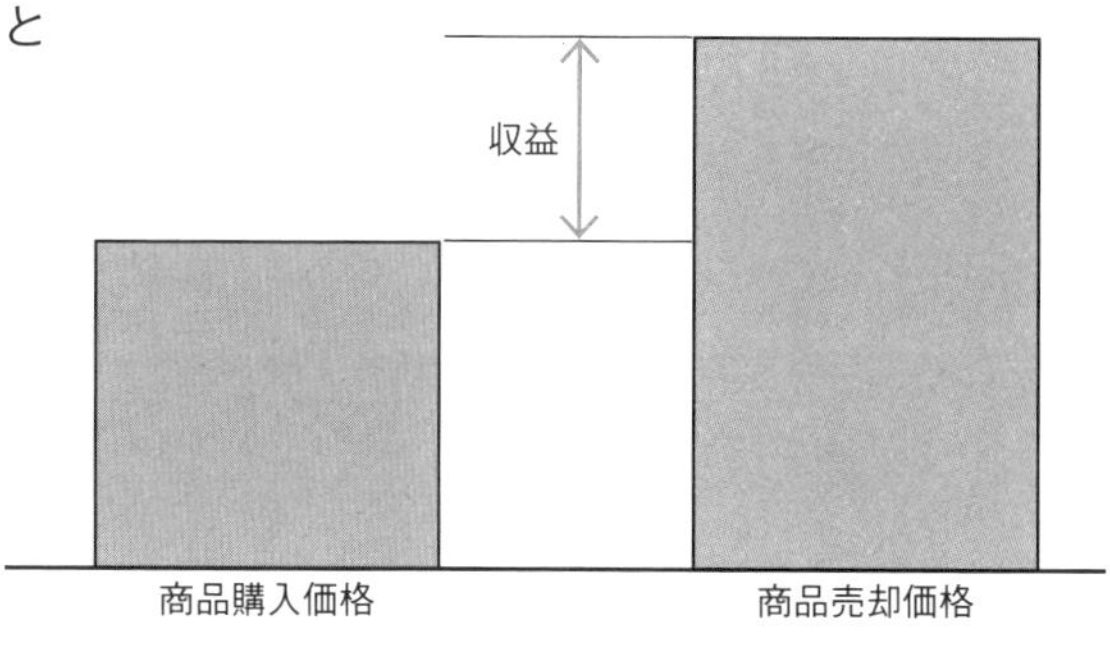

2 インカムを狙える三つの金融商品を紹介

もちろん、本書のテーマとしては、ファンダメンタルズ分析をもとにしたロジック投資が基本です。ただし優待投資と同様に、ロジック投資の経験値を着実に積んでいくことと並行して、資金をインカムゲインに振り分けつつポートフォリオを組んでいくのが理想的なのです。

そのためにも、インカムゲインを狙える金融商品をいくつか紹介しておきます。

高配当株

ここまでの流れの中で株式投資の話をしてきましたが、インカム狙いの商品として皆さんになじみがあるのは、まず「高配当株」でしょう。

これは文字通り、高い配当を出す銘柄のことで、**配当の高い銘柄は株主優待も実施している企業が多く、配当と合わせて優待もゲットできるというメリットもあります。**

高配当株に投資する際は、シンプルに各銘柄を比較して配当の高い株を買っていけばいいですが、その際「配当利回り」に注目すると、より効率的に銘柄選びを行うことができるでしょう。

配当利回り　1株当たりの配当を1株当たりの価格で割ったもの。株価が1000円、1株当たり10円の配当であれば、配当利回りは1％（10円÷1000円×100）となる

注意しなければならないのが、配当利回りの高い銘柄を探すといっても、雑誌などでよくある「高配当利回り銘柄ランキング100選」のような記事に掲載されている銘柄をうのみにしないという点です。

というのも、**株価が下がって配当がそのままの額であれば、当然配当利回りが高くなるわけです**。つまり、こうした雑誌の記事での選定は、単純にその時点で予想される配当利回りだけを見ているので、その銘柄の株価や業績が今後どうなるのかは、あまり考慮されていません。

その後の業績次第では減配（配当額が少なくなること）する可能性もありますし、

ランキングを見て上位の高配当銘柄に飛びつく、というのは避けた方がいいでしょう。

そのため、極端な話、上場企業全銘柄を対象にした高配当利回りランキングであれば、**上位100位まではバッサリ切り捨てて、その残りから探す**というのも一つの手です。

さらに言えば、配当狙いであれば値動きよりも**「毎年、安定して配当を出しているか」**を重視して選ぶべきです。2章で紹介した銘柄スカウターであれば、「過去12年分の収益」や「過去5年分の配当推移」が確認できます。

利回りの高い銘柄にいくつか目星を付けたら、業績の安定性や配当についてスクリーニングして、投資する銘柄を絞り込みましょう。ランキングにも掲載されていない、隠れ高配当銘柄が見つかるかもしれません。

■高配当株に投資する際のポイント

①「配当利回り」を重視して銘柄を選ぶ

1株当たりの配当額も大事だが、「投資金額に対して、どれだけ配当の利回りが良いか」の方が重要。

配当利回りは「1株当たりの配当÷1株当たりの価格×100」で計算できる

②「配当利回りランキング」をうのみにしない

雑誌などで、配当利回りが高い銘柄をランキング形式で特集しているが、単に株価が下がって、相対的に配当利回りが高くなった銘柄も掲載されているので、上位銘柄には特に注意

③配当を安定して出せているかを重視する

配当利回りの高い銘柄をある程度スクリーニングできたら、「業績が安定して推移しているか」「安定して配当を毎年出せているか」を調べる。

「銘柄スカウター」を使うと作業しやすい

REIT

不動産はインカムゲインの代表格。でも初心者にはハードルが高い

株式以外でインカムを得る代表的な例が「不動産投資」です。皆さんもご存じの通り、不動産投資は所有している物件を他人に貸し出して、その賃料を収入とします。物件と入居者の確保さえできれば定期的に賃料が発生するため、安定したインカムゲインを狙いやすいのが魅力です。

このように述べると、

「え？　株の話をしてたんじゃないの？　そもそも不動産投資するくらいのお金なんて手元にないし……」

という意見が出てきそうです。

でも、安心してください。ここでは「アパートを買ってください」という話をしたいわけではないのです。そもそも、不動産投資を行うためには多額の資金が必要ですし、まずここが初心者のハードルになります。

1軒購入するにも多くの資金が必要なわけですから、いくつか物件を確保して分散投資することは、よほど恵まれた環境でなければできません。さらに、維持費や管理コストもかかります。

また、不動産というのは株式のように市場があるわけではないので、基本的に業者と買主との間の取引です。そのため、購入した物件が気に入らず売りに出したくなっても、すぐに買い手が見つかるとは限りません。

不動産のデメリットを全て解消できる金融商品がある

不動産投資にはこうしたデメリットがあり、**限られた資金を不動産に振り分けるのは基本的におすすめしません**。

では、どうして不動産の話を出したのかというと、先ほどお伝えしたデメリットを

REITの仕組み

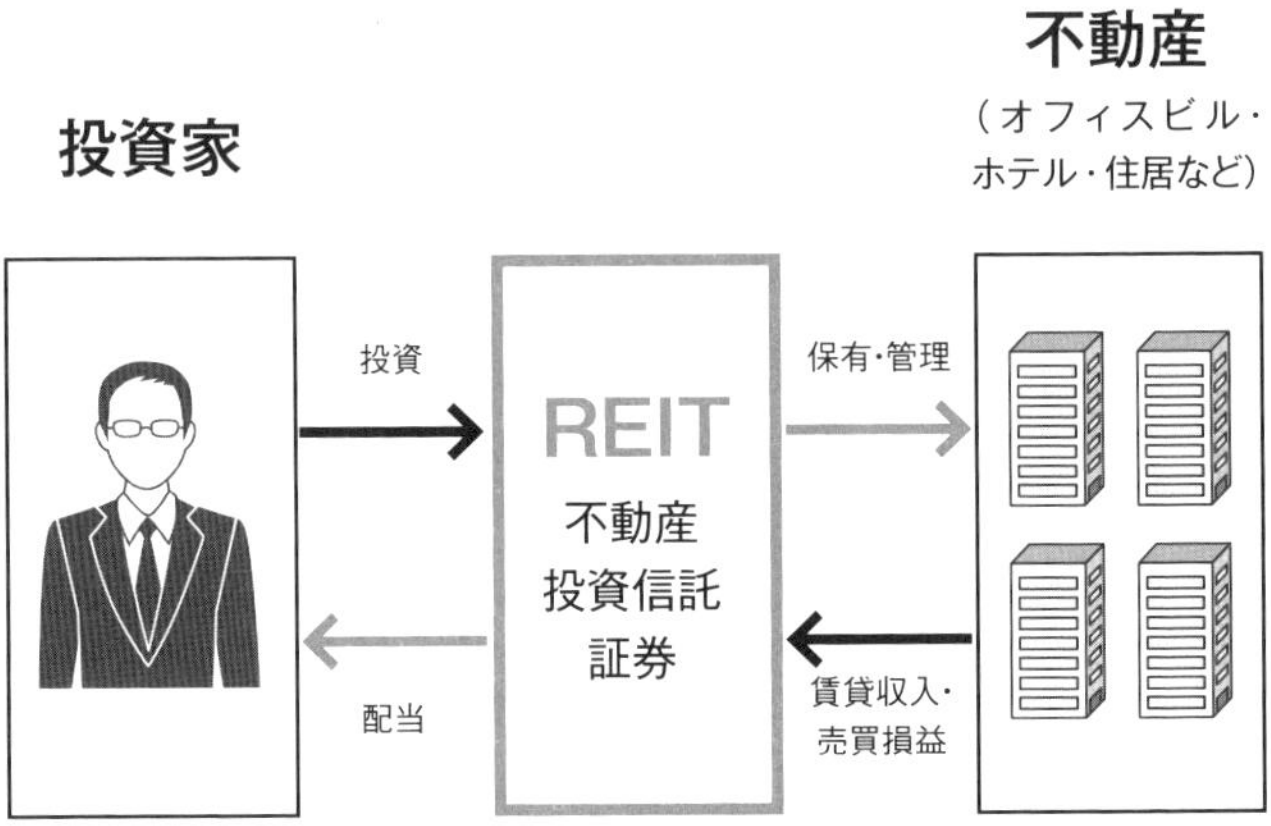

投資家はREITを介して間接的に不動産に投資し、
配当という形で利益を得る

回避しつつ、不動産に投資できる「REIT《リート》」という金融商品があるからです。

REITとは「不動産投資信託証券（Real Estate Investment Trust）」の略で、投資家から集めた資金で専門業者が不動産投資を行い、賃貸収入や不動産の売買益を原資として、投資家は配当をもらえる金融商品のことです。

名前にある通り、**REITは投資信託の仲間です**。投資信託も投資家が直接、個別株などの商品を購入するわけではなく、「○○ファンド」「××ファンド」といった各ファンドが運用する金融商品を購入します。

REITもこれと同じで、投資家は直接物件を購入するわけではなく、**物件の取得や管理などを行う専門業者（不動産投資法人）に出資して、「間接的に」不動産の収益を配当として受け取る仕組みです。**

REITのメリットはいくつかありますが、一番は「購入のハードルが低い」という点でしょう。

先ほどもお伝えした通り、REITは直接不動産を購入する必要がありません。さらに、REITは取引所に上場しているため、株式と同様に売買ができます。

購入単価については、投資法人ごとに異なりますが、安いもので数万〜10万円程度で購入できます。これだけでも、初期資金として数千万円が必要な不動産投資と比べると、「始めやすさ」が大きく違うのを理解していただけると思います。

個人でも大規模な物件に投資できる

加えて、REITが取引所に上場しているということは、**不動産を直接買うのと比**

REITに投資するメリット

①購入のハードルが低い

REIT は直接不動産を購入する必要がなく、数万円から始めることができる

②流動性が高い

取引所に上場しているため、市場が開いている時間であれば株式と同様にいつでも売買ができる
＝不動産のように「買い手がつかない」というデメリットがない

③投資できる不動産の種類が多い

大規模なマンションや商業施設などは、個人の資金規模で直接投資することが難しいが、REIT であれば可能

④分散投資ができる

どの REIT であっても、複数の地域や物件に投資を行っているため、リスク分散されている

⑤管理する必要がない

物件の取得や運営・管理は全て不動産投資法人が行うため、投資家にそうした専門知識は必要とされない

べてはるかに売買がしやすいというメリットにもつながります。要は株式と同様に、市場が開いている時間であればいつでも売買ができるので、「売れない」というリスクが低いのです。

ＲＥＩＴは購入物件の選定や、物件の管理についても不動産投資法人が行います。そうしたコストをあらかじめ差し引いて分配金の額が決まるので、「コストが０」というわけではありませんが、投資家はそういった要素に煩わされる心配がないというのもメリットです。

また、投資対象は賃貸用マンションからオフィスビル、商業施設などバリエーションがあるのも魅力の一つです。

不動産投資では、あくまで個人の資金の範囲なので購入できる物件は限られていますが、ＲＥＩＴではそうした制限なくさまざまな物件に投資することができます。

REITには三つの運用スタイルがある

REITの運用スタイルには、大きく分けて以下の三つがあります。

①特化（単一）型
②複合型
③総合型

①の特化型は、「オフィスビル」「レジデンシャル（賃貸マンション）」「物流（倉庫）」というように、特定の種類の不動産に特化して投資する運用スタイルです。種類としてはこの三つが多いですが、他にも「商業施設」「ホテル」「ヘルスケア（病院・介護施設など）」などがあります。

「特化」という言葉通り、1種類の不動産に集中して投資するので、特化型は価格の動向をある程度予測しやすいというメリットがあります。

例えば、景気が良ければオフィスビルの需要が高まるので、オフィスビル型のREITは値上がりしやすくなり、景気が悪くなれば反対に値下がりしやすくなります。

その意味で、**特化型は対象となる不動産の動向に非常に左右されやすく、値動きの幅も大きいです**。REITでキャピタルゲインを狙う戦略であれば、こうした性質はメリットととらえることもできます。ただ本書では「安定したインカムゲインを狙う」という目的でREITを紹介しているので、**値動きの幅よりも、配当と値動きの安定性を基準に考えた方がいいでしょう**。

②の複合型は「オフィスビル」「レジデンシャル」というように、投資対象を2種類組み合わせたものです。投資対象が分散されているため、先ほどの例であれば、仮にオフィスビルが値下がりしたとしてもレジデンシャルは異なる動きをするため、特化型と比較して値動きの幅を抑えることができます。

つまり、複合型は**「特化型よりも比較的値動きが安定している」**という特徴があり

REITの種類

①特化型

特定の不動産に特化した運用スタイル

◆ **オフィスビル特化型**

都心のオフィスビルなどを運営して得られた賃料を収入源として投資家に配当。
景気に比較的左右されやすい

◆ **レジデンシャル（住居）特化型**

マンションなどの住居を運営して得られた賃料を投資家に配当。

オフィスビル型や商業施設型と比べて景気に左右されにくいので、値動きも安定する傾向にある

◆ **商業施設特化型**

ショッピングセンターや百貨店などの運営。
個人消費の動向に左右されやすく、オフィスビル型と同様に景気次第で値動きしやすい

他、「物流特化型」「ホテル特化型」「ヘルスケア特化型」などがある

②複合型

特化型のいずれか二つを組み合わせて運用するスタイル

例えば「オフィスビル特化型」に「レジデンシャル特化型」を組み合わせることで、ある程度景気動向による値下がりリスクを分散させることができる

③総合型

特化型を三つ以上組み合わせた運用スタイル

複合型よりもさらにリスク分散されているため、値動きが安定しやすい

ます。半面、値上がり幅も抑えられるため、キャピタルゲインを狙う場合には不利ですが、インカムゲイン狙いには向いていると言えます。
③の総合型は、投資対象を3種類以上混ぜたもので、複合型よりもさらにリスクが分散されています。

分散投資で夢の「毎月配当」も可能に

どの運用スタイルのＲＥＩＴであっても、分配金（配当）は基本的に、年2回もらうことができ、各投資法人の決算の2営業日前までに保有していれば、分配金の対象となります。決算は1月と7月が比較的多いですが、近年は時期がばらけてきているので、**資金がある程度あれば、分散して買うことで毎月分配金をもらうことも可能**です。

また、個人的な意見として、ＲＥＩＴは配当利回りの観点から「リバウンドを予想して買うのに適した金融商品」と考えています。

これは、一部の銘柄を除けば**ＲＥＩＴ全体が比較的値動きが安定していて、相場が急落することがあっても、基本的には急落前の水準まで戻すことが多い**という点からです。

この性質を踏まえると、分配金の額が急に下がるようなことがない場合、急落時には配当利回りが大きく上昇します。

それこそ、2020年3月には新型コロナウイルスによって、不動産相場も大きく影響を受け、REITも軒並み価格が下がったことで配当利回りが17％を超えた銘柄もあったのです。

通年で積み立てていくというやり方ももちろんアリですが、**配当狙いだからこそ、あらかじめ投資する銘柄を選定しておき、急落のタイミングを待って買う**というのも、REITに投資する一つの手です。

債券

本来は「長期投資の王様」だが……

もう一つ、インカムを狙うことができる金融商品として「債券」があります。

> **債券**　国や地方公共団体、企業など（「発行体」という）が、投資家からお金を借りるために発行する有価証券のこと。日本国が発行する債券は「日本国債」。投資家は、お金を貸す代わりに金利を受け取る

債券は、初心者でも投資のハードルが低く、株式やＲＥＩＴのように売買できて金利を得ることができる、典型的な長期投資向けの商品です。

しかし本来は「長期投資の王様」といえる債券ですが、**近年、特に国債に関しては世界全体で金利が低く、中心的な投資対象である「米国10年債」でも、金利が1・6％前後とかなり抑えられています。米国債でもこの状況ですから、日本国債の金利はほぼ0％です。**

このような状況にあるので、金利が低く、インカムを狙った投資ではあまりうまみ

がない投資対象となっています。

投資の教科書的な読み物の中では、分散投資する際に債券を入れるという話がよく出てきますが、現状の金利を考えると、配当狙いで金融商品を買う場合には上記の高配当銘柄か、ＲＥＩＴから選んだ方がいいでしょう。

■国債の利回り一覧

指標	年利回り	前日比
日本国債3年	-0.121	-0.002
日本国債5年	-0.088	+0.003
日本国債10年	0.044	-0.001
米国3年国債	0.199	+0.002
米国10年国債	0.852	+0.004
ドイツ10年国債	-0.632	+0.006
イギリス10年国債	0.227	+0.007
フランス10年国債	-0.348	+0.001
スペイン10年国債	0.139	+0.013
ポルトガル10年国債	0.113	+0.006
ユーロ圏10年国債	-0.632	+0.006
イタリア10年国債	0.713	-0.003
ギリシャ10年国債	1.026	+0.089
ハンガリー10年国債	2.340	+0.010

日本国債の利回りは当然ほぼ0だが、米国債も利回りがかなり低くなっていてインカムゲインのうまみは少ない（出所：楽天証券）

第5章

長期で資産形成するにはポートフォリオが重要

1

「ポートフォリオ」で考える

一極集中型の投資をしない

この章では、ここまで書いてきたことをおさらいしつつ、最終的にどのように投資と向き合うのかという部分をまとめていきます。

まず2章では、株式投資において「テクニカルでは下げた理由を説明できない」という点から、ファンダメンタルズ分析で取り組むべきだとお伝えしてきました。その上で、銘柄スカウターなどのツールを使いつつ、将来的に業績が上がるストーリーを描くことができる定性面で優れた銘柄を探し出すのが、ロジック投資の基本的な考え方です。

ただしロジック投資は「経験値」がものをいう投資法であり、初心者の人が始めて収益につながるまでにはかなり時間がかかるでしょう。その間、損をしろというわけではなく、初心者でもハードルの低い投資を並行してやっていこう、というお話でした。

ここで重要になるのが「優待投資」「インカム投資」というわけです。どちらもシンプルかつ、銘柄選びなども困るやり方ではないので、ロジック投資とこうした投資を組み合わせて資産形成をしていくのが理想です。

分散投資を行う人であれば既知の考え方かもしれませんが、**値動きの傾向が異なる対象に分散して投資すると、値下がりが起きたときに資産全体から見て損失を抑えることができます**。その意味で、ロジック投資で選ぶ対象に資産が一極集中しないように分散させておくことで、リスクにも対応できるよう「一極集中型の投資をしない」という考え方が基本です。

■商品を複数組み合わせて資産形成を行う

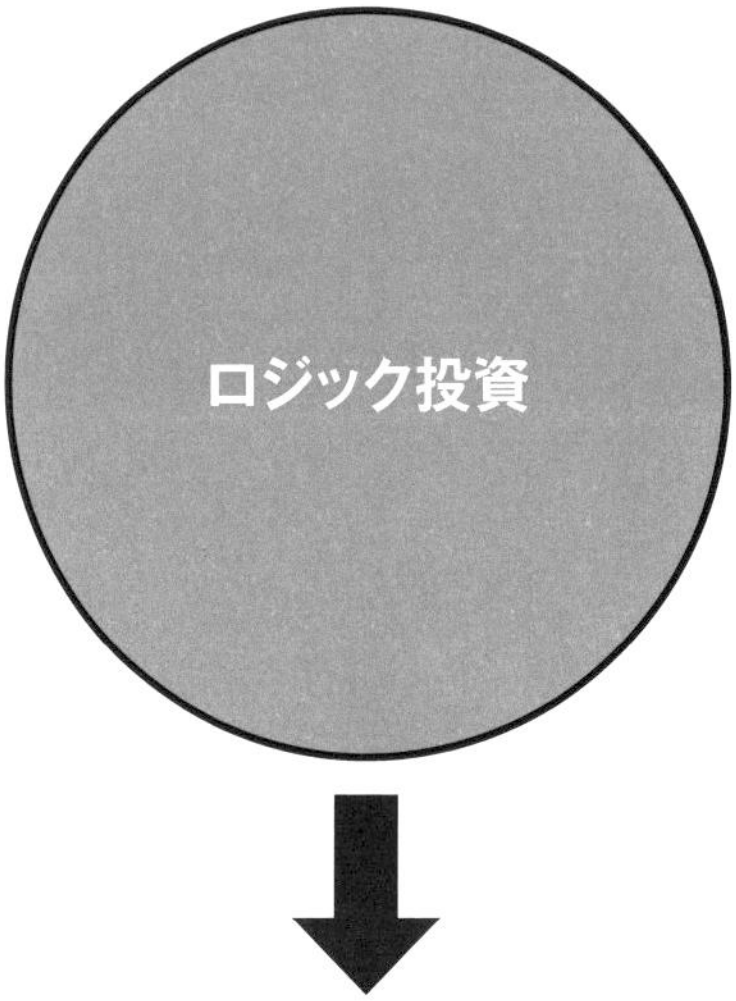

ロジック投資は経験値がものをいう手法。
特に初心者が資産を100%ロジック投資に振り分けてしまうと、相場が悪くなった時に対応を間違って退場してしまうリスクがある

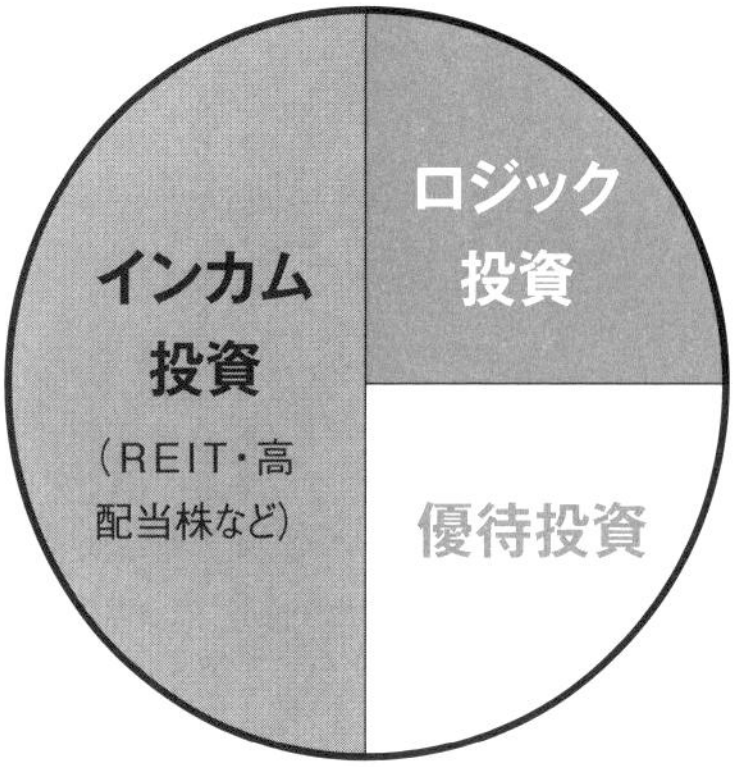

ロジック投資を軸としつつ、資産を他の商品にも振り分けて資産形成することで、値下がりリスクを分散できる

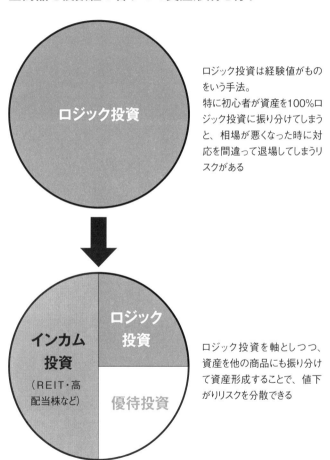

資産を振り分ける「ポートフォリオ戦略」

テクニカル重視のやり方から、どのような方向性に進めばよいのかをお話しする中で、ロジック投資を例に出しましたが、本書を読む皆さんに最終的にたどり着いてほしいのは、上記の手法・投資する商品を組み合わせて「ポートフォリオ」を組む段階です。

ポートフォリオ　金融商品の組み合わせのこと。具体的に、どのような資産を組み合わせて資産を構成しているのかを示す。どのような金融商品を購入するか、どんな銘柄を何株保有するかを検討する際に「ポートフォリオを組む」という使い方をする。

■ポートフォリオを組むための商品一覧

①個別株	値上がり益（キャピタルゲイン）を狙うロジック投資や配当（インカムゲイン）を狙う高配当株投資
②REIT	インカムゲインを狙う
③債券	インカムゲインを狙う
④ETF	分配金（インカムゲイン）やキャピタルゲインを狙う
⑤FX	スワップポイント（インカムゲイン）やキャピタルゲインを狙う

（④⑤）この二つに関してはテクニカルの使用可

つまり、特定の手法・商品に偏った投資のやり方ではなく、おのおのの資産や「どのくらいリスクを取れるのか？」といった部分を加味して、状況に適した手法や商品を選び資産を振り分けていくのが「ポートフォリオを組む」ということなのです。

ポートフォリオを組む上で、重要なのは「どんな商品を組み入れるのか？」という部分ですが、個人的な意見としては、4章までに解説してきた投資手法や商品を含め、以下の中から適宜組み入れていくのが理想でしょう。

ロジック投資（株式）

個別株を対象に、ファンダメンタルズから定性面・定量面を分析し、**ストーリーの描ける銘柄に投資**し、キャピタルゲインを狙います。基本的には割安株をメインに見ていきます。

インカムを狙った投資（高配当株、REIT、債券）

配当や金利などによって得られる、インカムゲインを狙います。継続的な収入につなげたいので、**利回りの良さと、値動きの安定性を重視して銘柄・商品選び**を行います。

投資信託

積み立て投資などで人気の金融商品です。REITと同じようにファンドを経由して株式市場に間接的に投資します。大きく分けて「アクティブファンド」と「インデックスファンド」の二つがあり、前者はファンドマネージャーが裁量で投資する銘柄を選別し、後者は日経平均など指数（インデックス）に連動する値動きを目指します。

それぞれで良し悪しはありますが、アクティブファンドは運営コストがかかるため、インデックスファンドと比較して信託報酬などの手数料が高い傾向にあります。

商品の数が多いため、迷ったらコストの安いインデックスファンドを積み立てて運用するというのも一つの手でしょう。

ETF

「上場投資信託（Exchange Traded Funds）」の略で、その名の通り、証券取引所に上場している投資信託のことです。

証券口座を持っていれば株と同じように取引ができ、日経平均やＴＯＰＩＸ（東証株価指数）などの国内の株価指数はもちろん、海外の株価指数や「高配当」のような一定のテーマや業種などを基準にしたＥＴＦもあります。

ETFは「インバース型」を取引できる

NF日経ダブルインバース（1357）の日足チャート。このETFを買うことで、「レバレッジをかけた日経平均の売り」が可能（チャート：岡三オンライン証券）

また、特徴的なのが「インバース型」といわれる商品を取引できるという点です。

例えば「日経インバース指数」という商品は、もととなる日経平均と全く反対の値動きをするように設計されているので、このETFを買ってもとの指数が下がれば利益が出ます。**つまり、「日経平均の売り」ができる**のです。

さらに「ダブルインバース型」という、「もとの指数と逆に2倍の値動き」をするように設計されているETFもあります。**日経平**

均やＪＰＸ４００が下がりそうなタイミングでこうしたＥＴＦを買っておけば、レバレッジを効かせた指数の売りが可能でしょう。

ＦＸ

「外国為替証拠金取引（Foreigh Exchange」の略で、米ドルや日本円などの通貨を取引します。通貨を対象とした証拠金取引になるため、売りと買いどちらも行うことができます。また、レバレッジも効かせられるので、預け入れた証拠金の最大25倍まで取引を行うことが可能です。

ＦＸも「キャピタル」と「インカム」の両面で利益を狙うことができます。例えば米ドル円が１００円の時に買って、レートが１０５円になれば５円分が利益となり、これがキャピタルゲインとなります。

また、ＦＸには配当や利子などはありませんが、取引する2国間の金利差によって生じる「スワップポイント」がインカムゲインとなります。新興国通貨や豪ドル、ＮＺドルなどが比較的スワップポイントが高い通貨なので、インカム狙いであれば、こうした通貨の含まれるペアを長期保有するというのも一つの手です。

しかしスワップポイントは全ての取引で発生するわけではなく、例えば米ドル／円でも売りの取引はスワップポイントを支払う必要があるので、取り扱う通貨ペアと売りと買いどちらでスワップポイントを得ることができるのかは、注意しておかなければなりません。

指数やFXに関してはテクニカルOK

本書の前提として、1章から「ファンダメンタルズを使った取引にステップアップしよう」ということをお伝えしたわけですが、これは「個別銘柄を取引するのであれば」という条件付きです。

つまり、**日経平均などの指数や為替、原油・金などの商品先物を取引する際にはテ**

クニカルを使った分析で全く問題ありません。

個別銘柄は価格の決定要因が大きく業績によるので、テクニカルでその理由を説明するよりも、単にファンダメンタルズで理由を説明した方が、理にかなっているわけです。

しかし指数などは個別銘柄と比較して、そもそも銘柄が少なく、為替のようにレートの決定要因がそもそもない（各国の政策金利の推移などファンダメンタルズの要因はもちろんありますが）ので、市場参加者の心理を読むという意味でも、テクニカルが効きやすいのです。

すでに個別銘柄の取引でテクニカル分析の知識がある人は、指数・ＦＸ・商品先物をポートフォリオに組み入れることで、その知識を生かせるかもしれません。

2 ポートフォリオを組む際に重視すべきこと

全体を通してプラスで運用できるようにする

組み入れる商品の解説が長くなってしまいましたが、先ほどの説明で伝えたいポイントとしては、「個別銘柄の取引を中心としつつ、先ほど説明してきたような金融商品を組み合わせて、資産の配分を行っていこう」というお話です。

どれか一つの金融商品に一極集中する投資は、うまくいったときの幅はもちろん大

きいですが、反面、最悪の場合には退場になる可能性と表裏一体です。

世間で有名なトレーダーも配分はそれぞれですが、必ず**ポートフォリオを組みつつ、局面によってキャッシュポジションを調整しながら資産を運用することでリスクに備えています。**

資産の額が少ない、投資歴が浅いという違いはあれど、皆さんもこうした運用を行う方法を必ず身に付けてください。

ポートフォリオを組むことができれば、**一つの投資先の損益でなく「ポートフォリオ全体を通してプラスの運用をする」**という考え方ができるようになりますし、これが投資家としての第一歩です。

ここまでポートフォリオに組み入れるべき金融商品の紹介をしてきましたが、「どの金融商品をどれだけ買うのか」という点には触れていません。というのも**「資産の割り振り」というのは、個人個人でアドバイスできる内容が全く変わる**からです。読者の皆さんの中でも、資産状況や経験値、個人の性質などでも全く異なるでしょう。ある程度、理想的なパターンというのは確かにありますが、それも一概に「こうすればいい」と言うのは難しいのです。

だからこそ、まずは自分の頭で「どんなポートフォリオを組もうか」「どんな投資先が最も利益に近いか」を考えてみることが大事でしょう。

人から考え方を学ぶのも「アリ」

ロジック投資の説明と同様に、自分で仮説を立ててみて、それを実行することでPDCAを回すことができます。そうしてポートフォリオについても経験値をためていくことが、投資家として成長していくための王道です。

ただし、「銘柄のパクリはだめだが、ロジックのパクリはあり」とお伝えしたのと同じように、最初のスタートラインで他人の力を借りて、根本的な投資の考え方を学ぶことはもちろん問題ありません。

「自分でポートフォリオの組み方について考えてみたけど、どうしてもできない」という人は、他の人の組み方を参考にしてみるのもいいでしょう。

私は個人投資家時代、プロの運用者時代とともに、数多くのセミナーへの参加や書籍を通じて勉強しました。しかし、セミナーや本の内容を実践に応用するためには、相場で反復継続して検証や応用をしなければならず、途中で投げ出すことが多々ありました。

そのような中、**理論や技術を習得する上で一番有効だった方法は、「スキルのある先輩からリアルタイムで教えてもらうこと」**でした。

リアルタイムの利点は「理論を実践で理解すること」「実例を前にしたケーススタディ」を同時に行えることです。対面でのリアルタイム指導は理論を相場に合わせて試行錯誤する手間が省けるため、学習効果が如実に表れます。

近年では、そういった情報発信や有料のサービスを提供している人もいるので、投資のセミナーやYouTube動画などを観て「この人が言っていることは腑に落ちる」「この人の投資のロジックは信憑性がある」と感じる人がいれば、参考にするのもひとつの方法ではないかと思います。

かくいう私も、2020年からWeb上での情報発信を本格的に始めました。これまでもやっていたTwitterの更新に加えて、新たにYouTubeチャンネルを開設し、メールマガジンの発行も始めました。これらは完全に無料ですので、よろしければ参考にしてみてくださいね。

長期的な投資を学ぶことが、心の安定に繋がる

あなたが投資に求めるのは「とにかく一発当てて大金を手に入れたい」でしょうか。それとも「できるだけ資産を減らさずに、少しずつでも確実に資産を増やしたい」でしょうか。

別に私は、前者を否定しているわけではないのでご安心ください。これは目的に応じた手法の違いであって、正しいとか間違っているということではありません。「はじめに」では、「個人投資家は王様」という表現をしました。どんな投資でも、好きなようにやったらいいのです。

しかし、もしあなたが後者の考えを持っているようなら、リスクを極限まで抑えるという考えが必要になってきます。

そしてそういった資産運用の手法こそが、本書でお伝えしてきたような「ファンダメンタルズをもとにしたロジックで個別株に投資し、それを軸に複数の金融商品に分散して、適切なポートフォリオを組みながら資産形成をしていく」という方法なのです。

私は多くの方に投資を教える立場にいますが、私が考える投資の魅力というのは、人生において安心を得られるということです。自分の資産を賢く運用することで、様々なリスクに備えることができると考えています。

本当に学ぶべきは、投機的なギャンブルではなく賢い資産運用としての投資。

もし、あなたも同じように感じるのであれば、長期的な視点を持って投資に取り組んでもらえたらと思います。

ページ数の都合で「本書の内容を学ぶだけで投資マスターになれる！」という内容まで掘りさげることはできませんでしたが、そのきっかけとなることはお伝えできたかなと思います。

ビジネス書の多くは、1回読まれておわりですが、本書に関しては、ぜひ折に触れて読み返してもらえると幸いです。繰り返し読むことで、賢い資産運用の基本を体に染みこませてくださいね。

おわりに

私は普段、個人投資家としての活動のほか、投資を教えたり、各種セミナーやラジオなど、投資にまつわる情報を発信する機会があります。

その中で日々感じているのは、日本人にはまだまだ「投資＝危ないもの」というイメージが根付いているということです。

たしかに私も、投資で大損したという人の話はよく耳にします。しかしそれは適切なリスク管理をせず、大きすぎる目標を達成するために無茶をした結果なのです。リスクを適切に管理し、正しく資産運用をする方法を知ってさえいれば、少し相場が悪くなっただけで市場から退場するようなことにはなりませんし、あらゆる事態に備えることもできます。

多くの方が勘違いをしてしまっていますが、資産運用としての投資は、自分の人生に「安定」をもたらすための手段ですから、そもそも高いリスクを取るべきものではないのです。


ではなぜ、多くの方がリスクの高い投資に手を出し、資産運用に失敗して市場から退場してしまうのでしょうか？

それは「一つの投資方法に固執するのではなく、時代に合わせた投資手法で運用していく」「適切なポートフォリオを組んで、より安全にリスクを少なく投資をすること」などといった、投資に関する正しい知識を教えてくれる人が、本当にいないからです。

これは、彼らが実は投資で勝っていないとか、そういう話ではありません。スポーツの世界でもそうであるように、優秀なプレイヤーが優秀な監督・コーチになれるかどうかは別の話であるのと同じです。

投資家として優秀な結果を残しているからといって、自分の手法を客観的に分析して他人に教えることができるとは限らないのです。

しかし、世界経済の現状を見れば、投資の重要性は年々増してきています。本書執筆時（２０２０年11月）は新型コロナウイルスが世界中で猛威を振るい、リーマンショック以来の経済危機が訪れていますし、それによって「国や会社に依存して生きていくことは非常にリスクが高い」ということに、多くの方が気づき始めているように感じます。

これからは、今まで以上に、多くの方が投資という分野に参入するに違いありません。だから私も、これまでよりもさらに活動の場所を広げ、まだ結果を出せていない投資家のみなさんの役に立つ情報を発信すべく奮闘しているのです（本書を出版するに至った経緯もここにあります）。

本書を手に取るくらいですから、あなたはこれから真剣に投資に取り組んでいこうと考えているのだと思います。とても素晴らしいことです。心より応援しています。

そこで、投資という大海にこぎ出そうとしているあなたへ、ほんの少し先輩である私からひとつアドバイスです。

「私たち個人投資家は孤独な王様なのですから、最初に学ぶ相手をしっかり吟味するようにしてください」

私だけが本物の情報発信者だ、などと思い上がったことを言うつもりはありませんが、業界には多くのニセモノがいますので……。大切な資金を失ってしまわないようにくれぐれもご注意ください。

ちなみに私は、本書でもお伝えしてきたとおり、リスクを極限まで抑えた資産運用の第一歩は、ファンダメンタルズをもとにしたロジックで個別株に投資し、それを軸に複数の金融商品に分散して、適切なポートフォリオを組みながら資産形成をしていくことだと考えています。

「100万円が1年で1億円！」という、派手で魅惑的なキャッチコピーは付きませんが、まさに王道の投資と言えるでしょう。

心地よい夢を見て、1~2年後には退場する投資家になりたくなければ、王道の投資を学ぶのが正道ではないかと思います。

ページ数の関係上、ポートフォリオ運用について掘りさげてお話しすることはできませんでしたが、もし興味がある場合は、ぜひ私の普段の情報発信をフォローしてみてください。

また、「はじめに」の部分でも少し触れましたが、現在私は「市場から退場せずに長期的に資産構築する方法」を学ぶ方のためのコミュニティを運営しています。

株式投資だけではなく、幅広い投資について見識を深め、勝ち組投資家になってもらうために必要なことをみなさんに学んでもらっています。

当然、最重要事項であるポートフォリオ構築についても、深くお話しさせていただいております。


この投資学習コミュニティは有料のサービスなのですが、本書を手にした方限定で無料招待しておりますので、興味があればぜひ覗いてみてくださいね。

あなたが、私たちの仲間になってくれるのを楽しみにお待ちしています。

また、サービスを利用するかどうかに関係なく、せっかく本書がきっかけで縁ができたあなたの投資での成功を、心からお祈りしています。


それでは、最後までお読みいただき本当にありがとうございました。

本書を最後までお読み頂きありがとうございました。最後に自分の文字で伝えたいことがあって、ペンを執っています。

書籍の中には敢えて書きませんでしたが、私は「貧乏サラリーマンや節約主婦を救いたい！」という強い理念をもって活動しています。こういう表現を使うと、偽善者のように感じられてしまうかもしれませんが、他ならぬ私自身、投資を始める前は貧乏学生でした。それからも、サラリーマンの収入では辛く、妻にも経済的な部分で苦労をかけました。

死に物狂いで努力して、今ではそれなりに経済的に豊かになりましたが、あの頃のことを思い出すと、今でも胸が苦しくなります。

投資というものに出会えて人生が変わった私が（もちろん自分の努力のおかげだという想いはありますが。笑）投資にできる恩返しは何かと考えた時に、当時の私と同じように、チャンスを掴むために努力をしている方のお手伝いとすることだと気づいたのです。

本書が、あなたにとっての助けになれば……こんなに嬉しいことはありません。多くの方の協力を得て、とても良い教材に仕上がったと満足していますので、ぜひ使い倒してほしいと思います。

ただ、書籍というのは世に出してしまうと修正が効きません。時間が経っても色あせないものになるように意識しましたが、やはり投資というのは最新の情報を取り入れることも重要です。

あなたが、私からの手紙を読んでくれている今も、私はきっと投資に関する最前線の情報発信を続けていると思いますので、ぜひネットで

「Bコミ」と検索して、YouTubeやTwitterなどで見つけてみてください。

また、本書の中でもお伝えしてきましたが、現在最も力を入れている投資学習コミュニティ「勝ち組投資家育成クラブ」も、ぜひお勧めさせてください。

有料のサービスではありますが、動画をメインとして、最新の情報、リアルタイムの情報、悩みや疑問を解決できる環境などをご提供しており、多くの会員さんに満足してもらっています。

本書をお読みのあなたは、このコミュニティに、まずは無料でご招待させて頂きますので、興味があれば覗いてみてくださいね。

共に、投資家として生きていくための基礎を構築しましょう！

これからもあなたとの縁が続いていくことを楽しみにしています。

坂本慎太郎

【著者】

坂本慎太郎

（さかもと・しんたろう）

こころトレード研究所所長、ハンドルネームは「Bコミ」。大学卒業後、メーカー勤務を経て、日系の証券会社でディーラーとして活躍。その後大手生命保険会社に転職し、株式、債券のファンドマネージャー、株式のストラテジストを経験。

ディーラーとして短期、機関投資家として中長期とあらゆる取引スパンを経験し、売買の裏側まで網羅していることが強み。個人では日本株を中心に、為替、商品先物、不動産などの売買を行う。また、現場経験で積み上げた投資スキルを個人投資家に還元するため、ラジオNIKKEIや日経CNBCなどの投資番組へのレギュラー出演、講演やセミナーなどを行い、人気を博している。ラジオやセミナーなどの出演は2018年207回、2019年は200回。

メディア実績

【著書】
『20年勝ち続ける伝説のトレーダーに10倍大化け株の見つけ方をこっそり教わってきました。』
『伝説のトレーダーに50万円を1億円にする方法をこっそり教わってきました。』（ともにSBクリエイティブ刊）
『朝9時10分までにしっかり儲ける板読み投資術』
『脱イナゴでしっかり儲ける20銘柄バスケット投資術』（ともに東洋経済新報社刊）
がある。

【ラジオ】
（すべてラジオNIKKEI）
『かぶりつきマーケット情報局』（毎週金曜日16時20分～）
『ザ・マネー』（毎月第一木曜日15時10分～）
『キラメキの発想』（毎週月曜日16時～）
『GO!GO!ジャングル・マーケット』（毎月第三木曜日16時30分～）
『江守哲・坂本慎太郎の投資戦略アワー』（毎週月曜日16時50分～）
『吉崎誠二・坂本慎太郎の至高のポートフォリオ』（毎週水曜日17時20分～）

他、マネー誌や証券会社のセミナーなど多数

監修／一般社団法人マネーアカデミー（お金の学校）
DTP&本文デザイン／佐藤修
カバー、オビデザイン／若山トシオ（フェイヴァリット・グラフィックス）
校閲／玄冬書林

いまの収入《しゅうにゅう》に満足《まんぞく》できていないアナタへ
プロ投資家《とうしか》が教《おし》える
副収入《ふくしゅうにゅう》1000万円《まんえん》の最短《さいたん》コース

初版1刷発行●2021年7月25日

著者
坂本慎太郎（さかもと・しんたろう）

発行者
小川真輔

発売
株式会社ベストセラーズ
〒112-0013 東京都文京区音羽1-15-15 シティ音羽2F
TEL 03-6304-1826（編集） 03-6304-1603（営業）

企画・発行
一般社団法人マネーアカデミー（お金の学校）
〒150-0043 東京都渋谷区道玄坂1-12-1 渋谷マークシティW22階

印刷所
錦明印刷

製本所
ナショナル製本

 ISBN978-4-584-13978-3 C0033

ご利用にあたって

本書は株式投資の情報提供を目的として書かれたものです。投資の最終判断は、ご自身で行ってくださいますよう、お願いいたします。本書の掲載内容に関しては細心の注意を払っていますが、投資状況はさまざまです。

本書掲出内容に従って投資を行い、損失を出した場合も著者および発行元はその責任を負いかねます。

本書は特定の取引所、金融商品を勧めるものではありません。

本書は特に明記しない限り、2021年4月30日現在の情報に基づいています。

商品価格は日々変動しており、それに伴う情報にも変更がある場合があります。